ガイドラインでみる

# 給食施設等の衛生管理

## ──管理栄養士・栄養士・調理師の対応──

**編集** 代表　**調所 勝弘**
（昭和女子大学教授・元厚生労働省医薬食品局 衛生専門官）

　　　　　　**佐川 敦子**
　　　　　　**篠島 良介**
　　　　　　**橋本 夕紀恵**
　　　　　　**星　 玲奈**

新日本法規

# は　し　が　き

　食とは、生きていく上で必要不可欠な行為です。その食に必要な食品は、様々な機能があることが知られていますが、安全であることが大前提です。給食施設での衛生管理は、日頃より管理栄養士・栄養士が責任者として従事し対応している場合が多いですが、近年、給食施設の増加に伴い、それぞれの施設により提供する食品の安全性の確保は、重要課題の一つとなっています。

　食品の安全性の確保は、食品等事業者自らの責任において確保しなければならないとされています。そのため、行政事務を担当する複数の機関から省令、告示および通知等が示されている状況ですが、多くの情報があるため、その中の必要な情報を的確に確認することは困難であり、その内容も以前より複雑で理解が難しいものとなっています。

　しかし、行政事務を担当する機関が異なっていても、食品を取り扱う者においては、衛生管理のルールを遵守し、食品の安全性を確保する必要があるため、多くの情報をわかりやすく整理した参考書が必要と考えました。そこで、複雑かつ数多ある食品の安全性確保に関する重要な省令、告示および通知等をまとめ、管理栄養士・栄養士、調理師だけでなく、日頃から食品の安全性確保に関わる多くの関係者にとって、わかりやすいように編集いたしました。本書が多くの関係者皆様の、最善の参考書になれば幸いです。

令和3年11月

昭和女子大学

教　授　調　所　勝　弘

# 編 集 者 一 覧

## ＜編集代表＞

### 調所　勝弘

昭和女子大学　食健康科学部　管理栄養学科　教授

元厚生労働省医薬食品局　衛生専門官


## ＜編　集＞ (五十音順)

### 佐川　敦子

昭和女子大学　食健康科学部　管理栄養学科　専任講師


### 篠島　良介

独立行政法人国立病院機構　本部　医療部医療課　栄養専門職

同機構　東京医療センター　栄養管理室長


### 橋本　夕紀恵

昭和女子大学　食健康科学部　管理栄養学科　非常勤講師


### 星　玲奈

目白大学　社会学部　社会情報学科　専任講師

昭和女子大学　食健康科学部　管理栄養学科　非常勤講師

元学校栄養職員

# 凡　例

## ＜本書の内容＞

　本書は、栄養士等の衛生管理業務における疑義を取り上げ、対応する省令・告示・通知を掲載したものです。

## ＜本書の構成＞

○第1章〜第6章

　各章の構成は次のとおりです。

| 項目見出し | テーマを端的に示しています。 |
|---|---|
| 省令等 | 具体的な衛生管理の事項・場面ごとに、求められる知識や対応を示した省令・告示・通知の該当箇所を抜粋して掲げています。 |
| 参　考 | 「省令等」の理解の参考となる資料名を掲げています。 |

○参考資料

　本書掲載の法令等を閲覧できるウェブサイト（URL）の一覧、及び「食中毒処理要領」・「食中毒調査マニュアル」の全文を掲載しています。

○用語索引

　目次の次に用語索引を登載し、検索の利便を図っています。

# 目　　次

## 4　配送（運搬）・配食

## 5　機械・機器・器具・容器

# 第2章　食品・食材の衛生管理

## 6　納入業者

## 7　食品の選定

## 8　検　収

## 9　食品の製造等における工程管理

## 10　食品・食材の取扱い

## 18　調理終了後の食品の保存

## 19　使用水（飲料水）

## 20　検食の保存

## 21　調理に伴う廃棄物の取扱い

## 22　運搬時の管理

# 第3章　作業における衛生管理

## 23　献立作成

## 24　調理工程表の作成

## 25　危害発生防止するための工程管理

## 26　納入・検収

## 27　保管・保存

## 28　調理過程

## 34　廃棄物

## 35　製品の回収・廃棄

# 第4章　人に関する衛生管理・衛生管理体制

## 36　児童・生徒

## 37　食品等取扱者

## 38　衛生管理責任者

## 39　衛生管理者

## 40　食品衛生責任者

## 41　責任者

## 42　従事者

## 43　納入業者

## 44　清掃業者

## 45　営業者

## 46　調理に直接関係のない者

## 47　感染予防対策

## 48　健康管理

## 49　健康管理に関する医師の指導・助言・診断

## 50　服　装

## 51　研　修

## 52　教育訓練

## 53　保護者

# 第5章　危機管理体制

## 54　衛生管理体制の確立

## 55　食中毒・感染症発生時の対応

## 56　ノロウイルス

## 57　非常災害時対応

# 第6章　検査・点検

## 58　検査・点検

## 59　記　録

## 60　点検表・記録簿

# 参考資料

# 用 語 索 引

# 第 1 章

施設・設備の衛生管理

10

# 1　給食施設の共通事項

## 【1】　給食施設の共通事項

一　学校給食施設は、衛生的な場所に設置し、食数に適した広さとすること。また、随時施設の点検を行い、その実態の把握に努めるとともに、施設の新増築、改築、修理その他の必要な措置を講じること。　（学校給食衛生管理基準　第2　1　(1)　①　一）

一　学校給食施設及び設備は、清潔で衛生的であること。
（学校給食衛生管理基準　第2　1　(3)　一）

→参考：学校給食施設・設備の改善事例集　第1章　1

# 2　区域（汚染・非汚染）

## 【2】　給食施設の区分

二　学校給食施設は、別添（※編注）の「学校給食施設の区分」に従い区分することとし、調理場（学校給食調理員が調理又は休憩等を行う場所であって、別添（※編注）中区分の欄に示す「調理場」をいう。以下同じ。）は、二次汚染防止の観点から、汚染作業区域、非汚染作業区域及びその他の区域（それぞれ別添（※編注）中区分の欄に示す「汚染作業区域」、「非汚染作業区域」及び「その他の区域（事務室等を除く。）」をいう。以下同じ。）に部屋単位で区分すること。ただし、洗浄室は、使用状況に応じて汚染作業区域又は非汚染作業区域に区分すること

適当であることから、別途区分すること。また、検収、保管、下処理、調理及び配膳の各作業区域並びに更衣休憩にあてる区域及び前室に区分するよう努めること。

四　作業区域（別添（※編注）中区分の欄に示す「作業区域」をいう。以下同じ。）の外部に開放される箇所にはエアカーテンを備えるよう努めること。

（学校給食衛生管理基準　第2　1　(1)　①　二・四）

① 　隔壁等により、汚水溜、動物飼育場、廃棄物集積場等不潔な場所から完全に区別されていること。

③ 　食品の各調理過程ごとに、汚染作業区域（検収場、原材料の保管場、下処理場）、非汚染作業区域（さらに準清潔作業区域（調理場）と清潔作業区域（放冷・調製場、製品の保管場）に区分される。）を明確に区別すること。なお、各区域を固定し、それぞれを壁で区画する、床面を色別する、境界にテープをはる等により明確に区画することが望ましい。

④ 　手洗い設備、履き物の消毒設備（履き物の交換が困難な場合に限る。）は、各作業区域の入り口手前に設置すること。

　なお、手洗い設備は、感知式の設備等で、コック、ハンドル等を直接手で操作しない構造のものが望ましい。

（大量調理施設衛生管理マニュアル　Ⅱ　5　(1)　①・③・④）

※編注：別添は以下のとおりです。

別添

学校給食施設の区分

| 区　分 | | | 内　容 |
|---|---|---|---|
| 学校給食施設 | 調理場 | 作業区域 | 汚染作業区域 | 検　収　室－原材料の鮮度等の確認及び根菜類等の処理を行う場所<br><br>食品の保管室－食品の保管場所<br><br>下　処　理　室－食品の選別、剥皮、洗浄等を行う場所<br><br>返却された食器・食缶等の搬入場<br>- - - - - - - - - - - - - - - - - - - - - - - - - -<br>洗浄室（機械、食器具類の洗浄・消毒前） |
| | | | 非汚染作業区域 | 調　理　室<br><br>　－食品の切裁等を行う場所<br><br>　－煮る、揚げる、焼く等の加熱調理を行う場所<br><br>　－加熱調理した食品の冷却等を行う場所<br><br>　－食品を食缶に配食する場所<br><br>配膳室<br><br>食品・食缶の搬出場<br>- - - - - - - - - - - - - - - - - - - - - - - - - -<br>洗浄室（機械、食器具類の洗浄・消毒後） |
| | | そ　の　他 | 更衣室、休憩室、調理員専用便所、前室等 |
| | | | 事務室等（学校給食調理員が通常、出入りしない区域） |

（学校給食衛生管理基準　別添）

→参考：学校給食施設・設備の改善事例集　第3章　1・5
　　　　学校給食調理従事者研修マニュアル　第6章　Ⅰ　Step1・Step5

## 【3】　配膳室の区分

> 六　配膳室は、外部からの異物の混入を防ぐため、廊下等と明確
> に区分すること。また、その出入口には、原則として施錠設備
> を設けること。　　　（学校給食衛生管理基準　第2　1　(1)　②　六）

→参考：学校給食施設・設備の改善事例集　第3章　1
　　　　学校給食調理従事者研修マニュアル　第6章　Ⅰ　Step1

## 【4】　施設のドライシステム化

> 三　ドライシステムを導入するよう努めること。また、ドライシ
> ステムを導入していない調理場においてもドライ運用を図るこ
> と。　　　　　　　（学校給食衛生管理基準　第2　1　(1)　①　三）
>
> 施設は、ドライシステム化を積極的に図ることが望ましい。
> 　　　　　　（大量調理施設衛生管理マニュアル　Ⅱ　5　(1)　⑩）

→参考：学校給食施設・設備の改善事例集　第3章　2
　　　　学校給食調理従事者研修マニュアル　第6章　Ⅰ　Step2

# 3　施設の構造・設備・管理

## 【5】　食品を取り扱う場所の構造

> 一　食品を取り扱う場所（作業区域のうち洗浄室を除く部分をい

う。以下同じ。）は、内部の温度及び湿度管理が適切に行える空
調等を備えた構造とするよう努めること。

（学校給食衛生管理基準　第2　1　(1)　②　一）

## 【6】　食品保管室の構造・配置

二　食品の保管室は、専用であること。また、衛生面に配慮した
構造とし、食品の搬入及び搬出に当たって、調理室を経由しな
い構造及び配置とすること。

（学校給食衛生管理基準　第2　1　(1)　②　二）

## 【7】　検収室の構造

三　外部からの汚染を受けないような構造の検収室を設けるこ
と。　　　　　　　　（学校給食衛生管理基準　第2　1　(1)　②　三）

→参考：学校給食施設・設備の改善事例集　第3章　4
　　　　学校給食調理従事者研修マニュアル　第6章　I　Step4

## 【8】　排水溝の構造・配置・管理

四　排水溝は、詰まり又は逆流がおきにくく、かつ排水が飛散し
ない構造及び配置とすること。
五　釜周りの排水が床面に流れない構造とすること。

（学校給食衛生管理基準　第2　1　(1)　②　四・五）

へ　排水溝は、固形物の流入を防ぎ、排水が適切に行われるよう

清掃し、破損した場合速やかに補修を行うこと。

（食品衛生法施行規則　別表17　二　ヘ）

→参考：食品製造におけるHACCP入門のための手引書［大量調理施設に
　　　おける食品の調理編］（第3版）　第2章

## 【9】　床面の構造・管理

十一　床は破損箇所がないよう管理すること。

（学校給食衛生管理基準　第2　1　(3)　十一）

⑥　床面に水を使用する部分にあっては、適当な勾配（100分の2
　程度）及び排水溝（100分の2から4程度の勾配を有するもの）を
　設けるなど排水が容易に行える構造であること。

（大量調理施設衛生管理マニュアル　Ⅱ　5　(1)　⑥）

→参考：食品製造におけるHACCP入門のための手引書［大量調理施設に
　　　おける食品の調理編］（第3版）　第2章

## 【10】　廃棄物の保管場所

一　廃棄物(調理場内で生じた廃棄物及び返却された残菜をいう。
　以下同じ。)の保管場所は、調理場外の適切な場所に設けること。

（学校給食衛生管理基準　第2　1　(1)　③　一）

ハ　廃棄物は、食品衛生上の危害の発生を防止することができる
　と認められる場合を除き、食品又は添加物を取り扱い、又は保
　存する区域（隣接する区域を含む。）に保管しないこと。
ニ　廃棄物の保管場所は、周囲の環境に悪影響を及ぼさないよう
　適切に管理を行うことができる場所とすること。

（食品衛生法施行規則　別表17　六　ハ・ニ）

## 【11】　窓・出入口の管理

② 施設の出入口及び窓は極力閉めておくとともに、外部に開放される部分には網戸、エアカーテン、自動ドア等を設置し、ねずみや昆虫の侵入を防止すること。

（大量調理施設衛生管理マニュアル　Ⅱ　5　(1)　②）

ホ 窓及び出入口は、原則として開放したままにしないこと。開放したままの状態にする場合にあつては、じん埃、ねずみ及び昆虫等の侵入を防止する措置を講ずること。

（食品衛生法施行規則　別表17　二　ホ）

## 【12】　施設の防虫・防鼠等対策

六 学校給食施設及び設備は、ねずみ及びはえ、ごきぶり等衛生害虫の侵入及び発生を防止するため、侵入防止措置を講じること。また、ねずみ及び衛生害虫の発生状況を1ヶ月に1回以上点検し、発生を確認したときには、その都度駆除をすることとし、必要な場合には、補修、整理整頓、清掃、清拭、消毒等を行い、その結果を記録すること。なお、殺そ剤又は殺虫剤を使用する場合は、食品を汚染しないようその取扱いに十分注意すること。さらに、学校給食従事者専用の便所については、特に衛生害虫に注意すること。　　（学校給食衛生管理基準　第2　1　(3)　六）

② 施設の出入口及び窓は極力閉めておくとともに、外部に開放される部分には網戸、エアカーテン、自動ドア等を設置し、ね

ずみや昆虫の侵入を防止すること。

　　　　　　　　　（大量調理施設衛生管理マニュアル　Ⅱ　5　(1)　②)

②　施設におけるねずみ、昆虫等の発生状況を1月に1回以上巡回
　点検するとともに、ねずみ、昆虫の駆除を半年に1回以上（発生
　を確認した時にはその都度）実施し、その実施記録を1年間保管
　すること。また、施設及びその周囲は、維持管理を適切に行う
　ことにより、常に良好な状態に保ち、ねずみや昆虫の繁殖場所
　の排除に努めること。
　　なお、殺そ剤又は殺虫剤を使用する場合には、食品を汚染し
　ないようその取扱いに十分注意すること。

　　　　　　　　　（大量調理施設衛生管理マニュアル　Ⅱ　5　(2)　②)

チ　食品又は添加物を取り扱い、又は保存する区域において動物
　を飼育しないこと。　　　　（食品衛生法施行規則　別表17　二　チ)

イ　施設及びその周囲は、維持管理を適切に行うことができる状
　態を維持し、ねずみ及び昆虫の繁殖場所を排除するとともに、
　窓、ドア、吸排気口の網戸、トラップ及び排水溝の蓋等の設置
　により、ねずみ及び昆虫の施設内への侵入を防止すること。
ロ　1年に2回以上、ねずみ及び昆虫の駆除作業を実施し、その実
　施記録を1年間保存すること。ただし、ねずみ及び昆虫の発生
　場所、生息場所及び侵入経路並びに被害の状況に関して、定期
　に、統一的に調査を実施し、当該調査の結果に基づき必要な措
　置を講ずる等により、その目的が達成できる方法であれば、当
　該施設の状況に応じた方法及び頻度で実施することができる。

ハ　殺そ剤又は殺虫剤を使用する場合には、食品又は添加物を汚
　　染しないようその取扱いに十分注意すること。

ニ　ねずみ及び昆虫による汚染防止のため、原材料、製品及び包
　　装資材等は容器に入れ、床及び壁から離して保存すること。一
　　度開封したものについては、蓋付きの容器に入れる等の汚染防
　　止対策を講じて保存すること。

（食品衛生法施行規則　別表17　五　イ〜ニ）

→参考：食品製造におけるHACCP入門のための手引書［大量調理施設に
　　おける食品の調理編］（第3版）　第2章

## 【13】　施設の管理

①　施設・設備は必要に応じて補修を行い、施設の床面（排水溝
　　を含む。）、内壁のうち床面から1mまでの部分及び手指の触れる
　　場所は1日に1回以上、施設の天井及び内壁のうち床面から1m以
　　上の部分は1月に1回以上清掃し、必要に応じて、洗浄・消毒を
　　行うこと。施設の清掃は全ての食品が調理場内から完全に搬出
　　された後に行うこと。

③　施設は、衛生的な管理に努め、みだりに部外者を立ち入らせ
　　たり、調理作業に不必要な物品等を置いたりしないこと。

④　原材料を配送用包装のまま非汚染作業区域に持ち込まないこ
　　と。　　（大量調理施設衛生管理マニュアル　Ⅱ　5　(2)　①・③・④）

イ　施設及びその周辺を定期的に清掃し、施設の稼働中は食品衛
　　生上の危害の発生を防止するよう清潔な状態を維持すること。

ロ　食品又は添加物を製造し、加工し、調理し、貯蔵し、又は販
　　売する場所に不必要な物品等を置かないこと。

> ハ　施設の内壁、天井及び床を清潔に維持すること。
>
> 　　　　　　　　　　（食品衛生法施行規則　別表17　二　イ〜ハ）

→参考：食品製造におけるHACCP入門のための手引書［大量調理施設における食品の調理編］（第3版）　第2章

## 【14】　施設の管理（環境）

> 三　調理場は、換気を行い、温度は25℃以下、湿度は80％以下に保つよう努めること。また、調理室及び食品の保管室の温度及び湿度並びに冷蔵庫及び冷凍庫内部の温度を適切に保ち、これらの温度及び湿度は毎日記録すること。
>
> 五　調理場の給水、排水、採光、換気等の状態を適正に保つこと。また、夏期の直射日光を避ける設備を整備すること。
>
> 　　　　　　　（学校給食衛生管理基準　第2　1　(3)　三・五）
>
> ⑤　施設は十分な換気を行い、高温多湿を避けること。調理場は湿度80％以下、温度は25℃以下に保つことが望ましい。
>
> 　　　　　　（大量調理施設衛生管理マニュアル　Ⅱ　5　(2)　⑤）
>
> 二　施設内の採光、照明及び換気を十分に行うとともに、必要に応じて適切な温度及び湿度の管理を行うこと。
>
> 　　　　　　　　　　　（食品衛生法施行規則　別表17　二　二）

## 【15】　手洗い設備の設置・管理

> 一　学校給食従事者の専用手洗い設備は、前室、便所の個室に設置するとともに、作業区分ごとに使用しやすい位置に設置すること。

二 肘まで洗える大きさの洗面台を設置するとともに、給水栓は、直接手指を触れることのないよう、肘等で操作できるレバー式、足踏み式又は自動式等の温水に対応した方式であること。

三 学校食堂等に、児童生徒等の手洗い設備を設けること。

（学校給食衛生管理基準　第2　1　(2)　⑦　一～三）

八 学校給食従事者専用の手洗い設備は、衛生的に管理するとともに、石けん液、消毒用アルコール及びペーパータオル等衛生器具を常備すること。また、布タオルの使用は避けること。さらに、前室の手洗い設備には個人用爪ブラシを常備すること。

（学校給食衛生管理基準　第2　1　(3)　八）

⑥ 手洗い設備には、手洗いに適当な石けん、爪ブラシ、ペーパータオル、殺菌液等を定期的に補充し、常に使用できる状態にしておくこと。

（大量調理施設衛生管理マニュアル　Ⅱ　5　(2)　⑥）

チ 手洗設備は、石けん、ペーパータオル等及び消毒剤を備え、手指の洗浄及び乾燥が適切に行うことができる状態を維持すること。

ヌ 都道府県等の確認を受けて手洗設備及び洗浄設備を兼用する場合にあつては、汚染の都度洗浄を行うこと。

（食品衛生法施行規則　別表17　三　チ・ヌ）

→参考：学校給食施設・設備の改善事例集　第3章　3
　　　学校給食調理従事者研修マニュアル　第6章　Ⅰ　Step3
　　　学校給食調理場における手洗いマニュアル　3

## 【16】　洗浄設備の管理

> リ　洗浄設備は、清潔に保つこと。
>
> ヌ　都道府県等の確認を受けて手洗設備及び洗浄設備を兼用する
> 場合にあつては、汚染の都度洗浄を行うこと。
>
> 　　　　　　　　　　（食品衛生法施行規則　別表17　三　リ・ヌ）

## 【17】　便所の構造・管理

> 二　学校給食従事者専用の便所は、食品を取り扱う場所及び洗浄
> 室から直接出入りできない構造とすること。また、食品を取り
> 扱う場所及び洗浄室から3m以上離れた場所に設けるよう努める
> こと。さらに、便所の個室の前に調理衣を着脱できる場所を設
> けるよう努めること。
>
> 　　　　　　　　（学校給食衛生管理基準　第2　1　(1)　③　二）
>
> 七　学校給食従事者専用の便所には、専用の履物を備えること。
> また、定期的に清掃及び消毒を行うこと。
>
> 　　　　　　　　　（学校給食衛生管理基準　第2　1　(3)　七）
>
> ⑨　便所等
> 　ア　便所、休憩室及び更衣室は、隔壁により食品を取り扱う場
> 　　所と必ず区分されていること。なお、調理場等から3m以上離
> 　　れた場所に設けられていることが望ましい。
> 　イ　便所には、専用の手洗い設備、専用の履き物が備えられて
> 　　いること。また、便所は、調理従事者等専用のものが設けら

れていることが望ましい。

（大量調理施設衛生管理マニュアル　Ⅱ　5　(1)　⑨）

⑨　便所については、業務開始前、業務中及び業務終了後等定期
　的に清掃及び消毒剤による消毒を行って衛生的に保つこと<sup>注6</sup>。
　注6：「ノロウイルスに関するQ＆A」（厚生労働省）を参照のこと。

（大量調理施設衛生管理マニュアル　Ⅱ　5　(2)　⑨）

ト　便所は常に清潔にし、定期的に清掃及び消毒を行うこと。

（食品衛生法施行規則　別表17　二　ト）

→参考：学校給食施設・設備の改善事例集　第3章　6
　　　　学校給食調理従事者研修マニュアル　第6章　Ⅰ　Step6
　　　　学校給食調理場における手洗いマニュアル　3

## 【18】　使用水の設備・管理

三　給水給湯設備は、必要な数を使用に便利な位置に設置し、給
　水栓は、直接手指を触れることのないよう、肘等で操作できる
　レバー式等であること。

（学校給食衛生管理基準　第2　1　(2)　①　三）

三　貯水槽を設けている場合は、専門の業者に委託する等により、
　年1回以上清掃すること。また、清掃した証明書等の記録は1年
　間保管すること。　（学校給食衛生管理基準　第3　1　(4)　②　三）

⑦　水道事業により供給される水以外の井戸水等の水を使用する
　場合には、公的検査機関、厚生労働大臣の登録検査機関等に依

頼して、年2回以上水質検査を行うこと。検査の結果、飲用不適とされた場合は、直ちに保健所長の指示を受け、適切な措置を講じること。なお、検査結果は1年間保管すること。

⑧　貯水槽は清潔を保持するため、専門の業者に委託して、年1回以上清掃すること。

なお、清掃した証明書は1年間保管すること。

(大量調理施設衛生管理マニュアル　Ⅱ　5　(2)　⑦・⑧)

ニ　貯水槽を使用する場合は、貯水槽を定期的に清掃し、清潔に保つこと。

ホ　飲用に適する水を使用する場合で殺菌装置又は浄水装置を設置している場合には、装置が正常に作動しているかを定期的に確認し、その結果を記録すること。

(食品衛生法施行規則　別表17　四　ニ・ホ)

## 【19】　使用水（再利用）の設備・管理

ト　使用した水を再利用する場合にあつては、食品又は添加物の安全性に影響しないよう必要な処理を行うこと。

(食品衛生法施行規則　別表17　四　ト)

## 【20】　氷の設備・管理

ヘ　食品に直接触れる氷は、適切に管理された給水設備によつて供給されたイ（※編注）の条件を満たす水から作ること。また、氷は衛生的に取り扱い、保存すること。

(食品衛生法施行規則　別表17　四　ヘ)

※編注：イは以下のとおりです。

> イ　食品又は添加物を製造し、加工し、又は調理するときに使用する
> 水は、水道法（昭和32年法律第177号）第3条第2項に規定する水道事
> 業、同条第6項に規定する専用水道若しくは同条第7項に規定する簡
> 易専用水道により供給される水（別表第19第3号ヘにおいて「水道事
> 業等により供給される水」という。）又は飲用に適する水であること。
> ただし、冷却その他食品又は添加物の安全性に影響を及ぼさない工
> 程における使用については、この限りではない。
> 　　　　　　　　　　　　　　（食品衛生法施行規則　別表17　四　イ）

## 【21】　シンクの設置・管理

> 一　シンクは、食数に応じてゆとりのある大きさ、深さであるこ
> と。また、下処理室における加熱調理用食品、非加熱調理用食
> 品及び器具の洗浄に用いるシンクは別々に設置するとともに、
> 三槽式構造とすること。さらに、調理室においては、食品用及
> び器具等の洗浄用のシンクを共用しないこと。あわせて、その
> 他の用途用のシンクについても相互汚染しないよう努めるこ
> と。　　　　　　　　　（学校給食衛生管理基準　第2　1　(2)　③　一）

> (8)　シンクは原則として用途別に相互汚染しないように設置す
> ること。特に、加熱調理用食材、非加熱調理用食材、器具の洗
> 浄等に用いるシンクを必ず別に設置すること。また、二次汚染
> を防止するため、洗浄・殺菌注5し、清潔に保つこと。
> 　注5：80℃で5分間以上の加熱又はこれと同等の効果を有する方法
> 　　　（注3参照）。
> 　　　注3：塩素系消毒剤（次亜塩素酸ナトリウム、亜塩素酸水、次
> 　　　　　亜塩素酸水等）やエタノール系消毒剤には、ノロウイル
> 　　　　　スに対する不活化効果を期待できるものがある。使用す

る場合、濃度・方法等、製品の指示を守って使用すること。浸漬により使用することが望ましいが、浸漬が困難な場合にあっては、不織布等に十分浸み込ませて清拭すること。

（参考文献）「平成27年度ノロウイルスの不活化条件に関する調査報告書」（https://www.mhlw.go.jp/file/06-Seisakujouhou-11130500-Shokuhinanzenbu/0000125854.pdf,（2021.9.21））

（大量調理施設衛生管理マニュアル　Ⅱ　3　(8)）

## 【22】　シンクの排水口の構造

⑦　シンク等の排水口は排水が飛散しない構造であること。

（大量調理施設衛生管理マニュアル　Ⅱ　5　(1)　⑦）

## 【23】　冷蔵・冷凍設備の管理

一　冷蔵及び冷凍設備は、食数に応じた広さがあるものを原材料用及び調理用等に整備し、共用を避けること。

（学校給食衛生管理基準　第2　1　(2)　④　一）

二　冷蔵庫、冷凍庫及び食品の保管室は、整理整頓すること。また、調理室には、調理作業に不必要な物品等を置かないこと。

（学校給食衛生管理基準　第2　1　(3)　二）

# 4　配送（運搬）・配食

## 【24】　配送（運搬）・配食

> 四　共同調理場においては、調理した食品を調理後2時間以内に
> 給食できるようにするための配送車を必要台数確保すること。
>
> （学校給食衛生管理基準　第2　1　(2)　①　四）
>
> 一　共同調理場においては、容器、運搬車の設備の整備に努め、
> 運搬途中の塵埃等による調理済食品等の汚染を防止すること。
> また、調理済食品等が給食されるまでの温度の管理及び時間の
> 短縮に努めること。
>
> （学校給食衛生管理基準　第3　1　(5)　①　一）
>
> イ　食品又は添加物の運搬に用いる車両、コンテナ等は、食品、
> 添加物又はこれらの容器包装を汚染しないよう必要に応じて洗
> 浄及び消毒をすること。
> ロ　車両、コンテナ等は、清潔な状態を維持するとともに、補修
> を行うこと等により適切な状態を維持すること。
> ハ　食品又は添加物及び食品又は添加物以外の貨物を混載する場
> 合は、食品又は添加物以外の貨物からの汚染を防止するため、
> 必要に応じ、食品又は添加物を適切な容器に入れる等区分する
> こと。
> ニ　運搬中の食品又は添加物がじん埃及び排気ガス等に汚染され
> ないよう管理すること。
> ホ　品目が異なる食品又は添加物及び食品又は添加物以外の貨物
> の運搬に使用した車両、コンテナ等を使用する場合は、効果的

　　な方法により洗浄し、必要に応じ消毒を行うこと。

　ヘ　ばら積みの食品又は添加物にあつては、必要に応じて食品又
　　は添加物専用の車両、コンテナ等を使用し、食品又は添加物の
　　専用であることを明示すること。

　ト　運搬中の温度及び湿度の管理に注意すること。

　チ　運搬中の温度及び湿度を踏まえた配送時間を設定し、所定の
　　配送時間を超えないよう適切に管理すること。

　リ　調理された食品を配送し、提供する場合にあつては、飲食に
　　供されるまでの時間を考慮し、適切に管理すること。

　　　　　　　　　　　（食品衛生法施行規則　別表17　十一　イ〜リ）

# 5　機械・機器・器具・容器

## 【25】　機械・機器・器具・容器の取扱い

　一　食肉類、魚介類、卵、野菜類、果実類等食品の種類ごとに、
　　それぞれ専用に調理用の器具及び容器を備えること。また、そ
　　れぞれの調理用の器具及び容器は、下処理用、調理用、加熱調
　　理済食品用等調理の過程ごとに区別すること。

　二　調理用の機械、機器、器具及び容器は、洗浄及び消毒ができ
　　る材質、構造であり、衛生的に保管できるものであること。ま
　　た、食数に適した大きさと数量を備えること。

　三　献立及び調理内容に応じて、調理作業の合理化により衛生管
　　理を充実するため、焼き物機、揚げ物機、真空冷却機、中心温
　　度管理機能付き調理機等の調理用の機械及び機器を備えるよう
　　努めること。　　（学校給食衛生管理基準　第2　1　(2)　②　一〜三）

二　調理場における食品及び調理用の器具及び容器は、床面から60cm以上の高さの置台の上に置くこと。

三　食肉、魚介類及び卵は、専用の容器、調理用の機器及び器具を使用し、他の食品への二次汚染を防止すること。

四　調理作業中の食品並びに調理用の機械、機器、器具及び容器の汚染の防止の徹底を図ること。また、包丁及びまな板類については食品別及び処理別の使い分けの徹底を図ること。

　　　　　　　（学校給食衛生管理基準　第3　1　(4)　③　二～四）

(4)　包丁、まな板などの器具、容器等は用途別及び食品別（下処理用にあっては、魚介類用、食肉類用、野菜類用の別、調理用にあっては、加熱調理済み食品用、生食野菜用、生食魚介類用の別）にそれぞれ専用のものを用意し、混同しないようにして使用すること。　　　（大量調理施設衛生管理マニュアル　Ⅱ　3　(4)）

(9)　食品並びに移動性の器具及び容器の取り扱いは、床面からの跳ね水等による汚染を防止するため、床面から60cm以上の場所で行うこと。ただし、跳ね水等からの直接汚染が防止できる食缶等で食品を取り扱う場合には、30cm以上の台にのせて行うこと。　　　（大量調理施設衛生管理マニュアル　Ⅱ　3　(9)）

イ　衛生保持のため、機械器具は、その目的に応じて適切に使用すること。

ロ　機械器具及びその部品は、金属片、異物又は化学物質等の食品又は添加物への混入を防止するため、洗浄及び消毒を行い、

所定の場所に衛生的に保管すること。また、故障又は破損があるときは、速やかに補修し、適切に使用できるよう整備しておくこと。

（食品衛生法施行規則　別表17　三　イ・ロ）

→参考：学校給食調理従事者研修マニュアル　第6章　Ⅱ

## 【26】 機械・機器・器具・容器の配置

一　機械及び機器については、可動式にするなど、調理過程に合った作業動線となるよう配慮した配置であること。

（学校給食衛生管理基準　第2　1　(2)　①　一）

⑤　器具、容器等は、作業動線を考慮し、予め適切な場所に適切な数を配置しておくこと。

（大量調理施設衛生管理マニュアル　Ⅱ　5　(1)　⑤）

→参考：学校給食施設・設備の改善事例集　第3章　5
　　　　学校給食調理従事者研修マニュアル　第6章　Ⅰ　Step5

## 【27】 機械・機器・器具・容器の洗浄・消毒

九　食器具、容器及び調理用の器具は、使用後、でん粉及び脂肪等が残留しないよう、確実に洗浄するとともに、損傷がないように確認し、熱風保管庫等により適切に保管すること。また、フードカッター、野菜切り機等調理用の機械及び機器は、使用後に分解して洗浄及び消毒した後、乾燥させること。さらに、下処理室及び調理室内における機械、容器等の使用後の洗浄及び消毒は、全ての食品が下処理室及び調理室から搬出された後に行うよう努めること。

（学校給食衛生管理基準　第2　1　(3)　九）

(2)　食器具、容器及び調理用器具は、使用後、でん粉及び脂肪等が残留しないよう、確実に洗浄するとともに、損傷がないように確認し、熱風保管庫等により適切に保管されていること。また、フードカッター、ミキサー等調理用の機械及び機器は、使用後に分解して洗浄及び消毒した後、乾燥されていること。

（学校給食衛生管理基準　第5　1　(2)）

(5)　器具、容器等の使用後は、別添2（※編注）に従い、全面を流水で洗浄し、さらに80℃、5分間以上の加熱又はこれと同等の効果を有する方法[注3]で十分殺菌した後、乾燥させ、清潔な保管庫を用いるなどして衛生的に保管すること。

　なお、調理場内における器具、容器等の使用後の洗浄・殺菌は、原則として全ての食品が調理場から搬出された後に行うこと。

　また、器具、容器等の使用中も必要に応じ、同様の方法で熱湯殺菌を行うなど、衛生的に使用すること。この場合、洗浄水等が飛散しないように行うこと。なお、原材料用に使用した器具、容器等をそのまま調理後の食品用に使用するようなことは、けっして行わないこと。

注3：塩素系消毒剤（次亜塩素酸ナトリウム、亜塩素酸水、次亜塩素酸水等）やエタノール系消毒剤には、ノロウイルスに対する不活化効果を期待できるものがある。使用する場合、濃度・方法等、製品の指示を守って使用すること。浸漬により使用することが望ましいが、浸漬が困難な場合にあっては、不織布等に十分浸み込ませて清拭すること。
　　（参考文献）「平成27年度ノロウイルスの不活化条件に関する調査報告書」(https: // www.mhlw.go.jp / file / 06 - Seisakujouhou-11130500-Shokuhinanzenbu/0000125854.pdf, (2021.9.21))

（大量調理施設衛生管理マニュアル　Ⅱ　3　(5)）

(6)　まな板、ざる、木製の器具は汚染が残存する可能性が高いので、特に十分な殺菌<sup>注4</sup>に留意すること。なお、木製の器具は極力使用を控えることが望ましい。

　　注4：大型のまな板やざる等、十分な洗浄が困難な器具については、亜塩素酸水又は次亜塩素酸ナトリウム等の塩素系消毒剤に浸漬するなどして消毒を行うこと。

　　　　　　　　　　　（大量調理施設衛生管理マニュアル　Ⅱ　3　(6)）

(7)　フードカッター、野菜切り機等の調理機械は、最低1日1回以上、分解して洗浄・殺菌<sup>注5</sup>した後、乾燥させること。

　　注5：80℃で5分間以上の加熱又はこれと同等の効果を有する方法（注3参照）。　（大量調理施設衛生管理マニュアル　Ⅱ　3　(7)）

ハ　機械器具及びその部品の洗浄に洗剤を使用する場合は、洗剤を適切な方法により使用すること。

ホ　器具、清掃用機材及び保護具等食品又は添加物と接触するおそれのあるものは、汚染又は作業終了の都度熱湯、蒸気又は消毒剤等で消毒し、乾燥させること。

　　　　　　　　　　　（食品衛生法施行規則　別表17　三　ハ・ホ）

※編注：別添2の該当部分は以下のとおりです。

（器具等の洗浄・殺菌マニュアル）
1.　調理機械
　①　機械本体・部品を分解する。なお、分解した部品は床にじか置きしないようにする。
　②　食品製造用水（40℃程度の微温水が望ましい。）で3回水洗いする。
　③　スポンジタワシに中性洗剤又は弱アルカリ性洗剤をつけてよく洗浄する。

④　食品製造用水（40℃程度の微温水が望ましい。）でよく洗剤を洗い流す。

⑤　部品は80℃で5分間以上の加熱又はこれと同等の効果を有する方法[注1]で殺菌を行う。

⑥　よく乾燥させる。

⑦　機械本体・部品を組み立てる。

⑧　作業開始前に70％アルコール噴霧又はこれと同等の効果を有する方法で殺菌を行う。

2.　調理台

①　調理台周辺の片づけを行う。

②　食品製造用水（40℃程度の微温水が望ましい。）で3回水洗いする。

③　スポンジタワシに中性洗剤又は弱アルカリ性洗剤をつけてよく洗浄する。

④　食品製造用水（40℃程度の微温水が望ましい。）でよく洗剤を洗い流す。

⑤　よく乾燥させる。

⑥　70％アルコール噴霧又はこれと同等の効果を有する方法[注1]で殺菌を行う。

⑦　作業開始前に⑥と同様の方法で殺菌を行う。

3.　まな板、包丁、へら等

①　食品製造用水（40℃程度の微温水が望ましい。）で3回水洗いする。

②　スポンジタワシに中性洗剤又は弱アルカリ性洗剤をつけてよく洗浄する。

③　食品製造用水（40℃程度の微温水が望ましい。）でよく洗剤を洗い流す。

④　80℃で5分間以上の加熱又はこれと同等の効果を有する方法[注2]で殺菌を行う。

⑤　よく乾燥させる。

⑥　清潔な保管庫にて保管する。

4.　ふきん、タオル等

① 　食品製造用水（40℃程度の微温水が望ましい。）で3回水洗いする。

② 　中性洗剤又は弱アルカリ性洗剤をつけてよく洗浄する。

③ 　食品製造用水（40℃程度の微温水が望ましい。）でよく洗剤を洗い流す。

④ 　100℃で5分間以上煮沸殺菌を行う。

⑤ 　清潔な場所で乾燥、保管する。

　注1：塩素系消毒剤（次亜塩素酸ナトリウム、亜塩素酸水、次亜塩素酸水等）やエタノール系消毒剤には、ノロウイルスに対する不活化効果を期待できるものがある。使用する場合、濃度・方法等、製品の指示を守って使用すること。浸漬により使用することが望ましいが、浸漬が困難な場合にあっては、不織布等に十分浸み込ませて清拭すること。

　　　（参考文献）「平成27年度ノロウイルスの不活化条件に関する調査報告書」(https: // www.mhlw.go.jp / file / 06 - Seisakujouhou - 11130500 - Shokuhinanzenbu / 0000125854. pdf，（2021.9.21））

　注2：大型のまな板やざる等、十分な洗浄が困難な器具については、亜塩素酸水又は次亜塩素酸ナトリウム等の塩素系消毒剤に浸漬するなどして消毒を行うこと。

（大量調理施設衛生管理マニュアル　別添2）

→参考：調理場における洗浄・消毒マニュアルPart I　第3章
　　　　調理場における洗浄・消毒マニュアルPart II　第1章・第4章

## 【28】　器具・容器の保管

二　全ての移動性の器具及び容器は、衛生的に保管するため、外部から汚染されない構造の保管設備を設けること。

（学校給食衛生管理基準　第2　1　(2)　①　二）

⑧　全ての移動性の器具、容器等を衛生的に保管するため、外部から汚染されない構造の保管設備を設けること。

（大量調理施設衛生管理マニュアル　Ⅱ　5　(1)　⑧)

## 【29】　温度計・湿度計の備え

一　調理場内の適切な温度及び湿度の管理のために、適切な場所に正確な温度計及び湿度計を備えること。また、冷蔵庫・冷凍庫の内部及び食器消毒庫その他のために、適切な場所に正確な温度計を備えること。

（学校給食衛生管理基準　第2　1　(2)　⑤　一)

四　調理場内の温度計及び湿度計は、定期的に検査を行うこと。

（学校給食衛生管理基準　第2　1　(3)　四)

## 【30】　清掃用具（機材）の取扱い

十二　清掃用具は、整理整頓し、所定の場所に保管すること。また、汚染作業区域と非汚染作業区域の共用を避けること。

（学校給食衛生管理基準　第2　1　(3)　十二)

ト　施設設備の清掃用機材は、目的に応じて適切に使用するとともに、使用の都度洗浄し、乾燥させ、所定の場所に保管すること。

（食品衛生法施行規則　別表17　三　ト)

## 【31】　廃棄物容器の管理

> 一　ふた付きの廃棄物専用の容器を廃棄物の保管場所に備えること。
>
> 二　調理場には、ふた付きの残菜入れを備えること。
>
> 　　　　　（学校給食衛生管理基準　第2　1　(2)　⑥　一・二）
>
> ロ　廃棄物の容器は、他の容器と明確に区別できるようにし、汚液又は汚臭が漏れないように清潔にしておくこと。
>
> 　　　　　　（食品衛生法施行規則　別表17　六　ロ）

## 【32】　洗浄剤・消毒液の取扱い

> ヘ　洗浄剤、消毒剤その他化学物質については、取扱いに十分注意するとともに、必要に応じてそれらを入れる容器包装に内容物の名称を表示する等食品又は添加物への混入を防止すること。
>
> 　　　　　（食品衛生法施行規則　別表17　三　ヘ）

→参考：学校給食調理従事者研修マニュアル　第9章
　　　　調理場における洗浄・消毒マニュアルPart I　第2章・参考資料編

# 第２章

食品・食材の衛生管理

38

# 6　納入業者

## 【33】　食品納入業者の選定及び衛生管理

> 二　食品の製造を委託する場合には、衛生上信用のおける製造業者を選定すること。また、製造業者の有する設備、人員等から見た能力に応じた委託とすることとし、委託者において、随時点検を行い、記録を残し、事故発生の防止に努めること。
>
> 　　　　　　　（学校給食衛生管理基準　第3　1　(2)　①　二）

一　保健所等の協力を得て、施設の衛生面及び食品の取扱いが良好で衛生上信用のおける食品納入業者を選定すること。

二　食品納入業者又は納入業者の団体等との間に連絡会を設け、学校給食の意義、役割及び衛生管理の在り方について定期的な意見交換を行う等により、食品納入業者の衛生管理の啓発に努めること。

三　売買契約に当たって、衛生管理に関する事項を取り決める等により、業者の検便、衛生環境の整備等について、食品納入業者に自主的な取組を促すこと。

四　必要に応じて、食品納入業者の衛生管理の状況を確認すること。

五　原材料及び加工食品について、製造業者若しくは食品納入業者等が定期的に実施する微生物及び理化学検査の結果、又は生産履歴等を提出させること。また、検査等の結果については、保健所等への相談等により、原材料として不適と判断した場合には、食品納入業者の変更等適切な措置を講じること。さらに、

検査結果を保管すること。

（学校給食衛生管理基準　第3　1　(2)　②　一〜五）

## 【34】　原材料の微生物及び理化学検査結果の提出

(2)　原材料について納入業者が定期的に実施する微生物及び理化学検査の結果を提出させること。その結果については、保健所に相談するなどして、原材料として不適と判断した場合には、納入業者の変更等適切な措置を講じること。検査結果については、1年間保管すること。

（大量調理施設衛生管理マニュアル　Ⅱ　1　(2)）

## 【35】　加熱しない食品製造加工業者の衛生管理体制の確認

(3)　加熱せずに喫食する食品（牛乳、発酵乳、プリン等容器包装に入れられ、かつ、殺菌された食品を除く。）については、乾物や摂取量が少ない食品も含め、製造加工業者の衛生管理の体制について保健所の監視票、食品等事業者の自主管理記録票等により確認するとともに、製造加工業者が従事者の健康状態の確認等ノロウイルス対策を適切に行っているかを確認すること。

（大量調理施設衛生管理マニュアル　Ⅱ　1　(3)）

## 【36】　納入業者の情報収集

(2)　責任者は、日頃から食材の納入業者についての情報の収集に努め、品質管理の確かな業者から食材を購入すること。また、

継続的に購入する場合は、配送中の保存温度の徹底を指示するほか、納入業者が定期的に行う原材料の微生物検査等の結果の提出を求めること。

（大量調理施設衛生管理マニュアル　Ⅲ　1　(2)）

## 7　食品の選定

### 【37】　安全な食品の選定

一　食品は、過度に加工したものは避け、鮮度の良い衛生的なものを選定するよう配慮すること。また、有害なもの又はその疑いのあるものは避けること。

二　有害若しくは不必要な着色料、保存料、漂白剤、発色剤その他の食品添加物が添加された食品、又は内容表示、消費期限及び賞味期限並びに製造業者、販売業者等の名称及び所在地、使用原材料及び保存方法が明らかでない食品については使用しないこと。また、可能な限り、使用原材料の原産国についての記述がある食品を選定すること。

三　保健所等から情報提供を受け、地域における感染症、食中毒の発生状況に応じて、食品の購入を考慮すること。

（学校給食衛生管理基準　第3　1　(2)　③　一～三）

### 【38】　統一献立の食品の品質管理

五　統一献立（複数の学校で共通して使用する献立をいう。）を作

成するに当たっては、食品の品質管理又は確実な検収を行う上
で支障を来すことがないよう、一定の地域別又は学校種別等の
単位に分けること等により適正な規模での作成に努めること。

　　　　　　　　　　（学校給食衛生管理基準　第3　1　(1)　五）

# 8　検　収

## 【39】　食品の検収・保管及び温度管理

二　検収のために必要な場合には、検収責任者の勤務時間を納入
　　時間に合わせて割り振ること。

三　食肉類、魚介類等生鮮食品は、原則として、当日搬入すると
　　ともに、一回で使い切る量を購入すること。また、当日搬入で
　　きない場合には、冷蔵庫等で適切に温度管理するなど衛生管理
　　に留意すること。

四　納入業者から食品を納入させるに当たっては、検収室におい
　　て食品の受け渡しを行い、下処理室及び調理室に立ち入らせな
　　いこと。

五　食品は、検収室において、専用の容器に移し替え、下処理室
　　及び食品の保管室にダンボール等を持ち込まないこと。また、
　　検収室内に食品が直接床面に接触しないよう床面から60cm以上
　　の高さの置台を設けること。

六　食品を保管する必要がある場合には、食肉類、魚介類、野菜
　　類等食品の分類ごとに区分して専用の容器で保管する等によ
　　り、原材料の相互汚染を防ぎ、衛生的な管理を行うこと。また、

別紙（※編注1)「学校給食用食品の原材料、製品等の保存基準」
に従い、棚又は冷蔵冷凍設備に保管すること。

（学校給食衛生管理基準　第3　1　(3)　二〜六）

(4)　原材料の納入に際しては調理従事者等が必ず立ち合い、検
　収場で品質、鮮度、品温（納入業者が運搬の際、別添1（※編注
　2）に従い、適切な温度管理を行っていたかどうかを含む。)、異
　物の混入等につき、点検を行い、その結果を記録すること。

（大量調理施設衛生管理マニュアル　Ⅱ　1　(4)）

※編注1：別紙は以下のとおりです。

別紙

### 学校給食用食品の原材料、製品等の保存基準

| 食　品　名 | | 保存温度 |
|---|---|---|
| 牛乳 | | １０℃以下 |
| 固形油脂 | | １０℃以下 |
| 種実類 | | １５℃以下 |
| 豆腐 | | 冷　蔵 |
| 魚介類 | 鮮魚介 | ５℃以下 |
| | 魚肉ソーセージ、魚肉ハム及び特殊包装かまぼこ | １０℃以下 |
| | 冷凍魚肉ねり製品 | －１５℃以下 |
| 食肉類 | 食肉 | １０℃以下 |
| | 冷凍食肉(細切した食肉を凍結させたもので容器包装に入れたもの) | －１５℃以下 |
| | 食肉製品 | １０℃以下 |
| | 冷凍食肉製品 | －１５℃以下 |
| 卵類 | 殻付卵 | １０℃以下 |
| | 液卵 | ８℃以下 |
| | 凍結卵 | －１５℃以下 |
| 乳製品類 | バター | １０℃以下 |
| | チーズ | １５℃以下 |
| | クリーム | １０℃以下 |
| 生鮮果実・野菜類 | | １０℃前後 |
| 冷凍食品 | | －１５℃以下 |

（学校給食衛生管理基準　別紙）

※編注2：別添1は以下のとおりです。

（別添1）原材料、製品等の保存温度

| 食　品　名 | 保存温度 |
|---|---|
| 穀類加工品（小麦粉、デンプン）<br>砂　　　　　　　　　　　糖 | 室　温<br>室　温 |
| 食　肉　・　鯨　肉<br>細切した食肉・鯨肉を凍結したものを容器包装に入れたもの<br>食　　肉　　製　　品<br>鯨　　肉　　製　　品<br>冷　凍　食　肉　製　品<br>冷　凍　鯨　肉　製　品 | 10℃以下<br>−15℃以下<br>10℃以下<br>10℃以下<br>−15℃以下<br>−15℃以下 |
| ゆ　　で　　だ　　こ<br>冷　凍　ゆ　で　だ　こ<br>生　食　用　　か　　き<br>生　食　用　冷　凍　か　き<br>冷　凍　食　品 | 10℃以下<br>−15℃以下<br>10℃以下<br>−15℃以下<br>−15℃以下 |
| 魚肉ソーセージ、魚肉ハム及び特殊包装かまぼこ<br>冷凍魚肉ねり製品 | 10℃以下<br>−15℃以下 |
| 液　　状　　油　　脂<br>固　形　油　脂<br>（ラード、マーガリン、ショートニング、カカオ脂） | 室　温<br>10℃以下 |
| 殻　　　付　　　卵<br>液　　　　　　　卵<br>凍　　　結　　　卵<br>乾　　　燥　　　卵 | 10℃以下<br>8℃以下<br>−18℃以下<br>室　温 |
| ナ　　ッ　　ツ　　類<br>チ　ョ　コ　レ　ー　ト | 15℃以下<br>15℃以下 |
| 生　鮮　果　実　・　野　菜<br>生　鮮　魚　介　類　（生食用鮮魚介類を含む。） | 10℃前後<br>5℃以下 |
| 乳　　・　　濃　　縮　　乳<br>脱　　　脂　　　乳<br>ク　　リ　　ー　　ム<br>バ　　　タ　　　ー<br>チ　　　ー　　　ズ<br>練　　　　　　　乳 | ⎱10℃以下<br><br><br>⎱15℃以下 |
| 清　涼　飲　料　水<br>（食品衛生法の食品、添加物等の規格基準に規定のあるものについては、当該保存基準に従うこと。） | 室　温 |

（大量調理施設衛生管理マニュアル　別添1）

## 【40】　生鮮食品の調理当日の納入

> (5)　原材料の納入に際しては、缶詰、乾物、調味料等常温保存可能なものを除き、食肉類、魚介類、野菜類等の生鮮食品については1回で使い切る量を調理当日に仕入れるようにすること。
>
> 　　　　　　　　　　　（大量調理施設衛生管理マニュアル　Ⅱ　1　(5)）

# 9　食品の製造等における工程管理

## 【41】　食品の製造等における工程管理

> 一　危害要因の分析
> 　　食品又は添加物の製造、加工、調理、運搬、貯蔵又は販売の工程ごとに、食品衛生上の危害を発生させ得る要因（以下この表において「危害要因」という。）の一覧表を作成し、これらの危害要因を管理するための措置（以下この表において「管理措置」という。）を定めること。
> 二　重要管理点の決定
> 　　前号で特定された危害要因につき、その発生を防止し、排除し、又は許容できる水準にまで低減するために管理措置を講ずることが不可欠な工程（以下この表において「重要管理点」という。）を決定すること。
> 三　管理基準の設定
> 　　個々の重要管理点における危害要因につき、その発生を防止し、排除し、又は許容できる水準にまで低減するための基準（以下この表において「管理基準」という。）を設定すること。

四　モニタリング方法の設定

　　重要管理点の管理について、連続的な又は相当の頻度による実施状況の把握（以下この表において「モニタリング」という。）をするための方法を設定すること。

五　改善措置の設定

　　個々の重要管理点において、モニタリングの結果、管理基準を逸脱したことが判明した場合の改善措置を設定すること。

六　検証方法の設定

　　前各号に規定する措置の内容の効果を、定期的に検証するための手順を定めること。

七　記録の作成

　　営業の規模や業態に応じて、前各号に規定する措置の内容に関する書面とその実施の記録を作成すること。

八　令第34条の2（※編注1）に規定する営業者

　　令第34条の2に規定する営業者（第66条の4第2号（※編注2）に規定する規模の添加物を製造する営業者を含む。）にあつては、その取り扱う食品の特性又は営業の規模に応じ、前各号に掲げる事項を簡略化して公衆衛生上必要な措置を行うことができる。

（食品衛生法施行規則　別表18　一～八）

※編注1：令第34条の2は以下のとおりです。

（小規模な営業者等）

第34条の2　法第51条第1項第2号の政令で定める営業者は、次のとおりとする。

　一　食品を製造し、又は加工する営業者であつて、食品を製造し、又は加工する施設に併設され、又は隣接した店舗においてその施設で製造し、又は加工した食品の全部又は大部分を小売販売するもの

二　飲食店営業（食品を調理し、又は設備を設けて客に飲食させる営業をいう。次条第1号において同じ。）又は調理の機能を有する自動販売機（容器包装に入れられず、又は容器包装で包まれない状態の食品に直接接触するものに限る。同条第2号において同じ。）により食品を調理し、調理された食品を販売する営業を行う者その他の食品を調理する営業者であつて厚生労働省令で定めるもの

三　容器包装に入れられ、又は容器包装で包まれた食品のみを貯蔵し、運搬し、又は販売する営業者

四　前三号に掲げる営業者のほか、食品を分割して容器包装に入れ、又は容器包装で包み、小売販売する営業者その他の法第51条第1項第1号に規定する施設の内外の清潔保持、ねずみ及び昆虫の駆除その他一般的な衛生管理並びに同項第2号に規定するその取り扱う食品の特性に応じた取組により公衆衛生上必要な措置を講ずることが可能であると認められる営業者であつて厚生労働省令で定めるもの　　　　　　　　　　（食品衛生法施行令　34条の2）

※編注2：第66条の4第2号は以下のとおりです。

二　前号に掲げる営業者のほか、食品を製造し、加工し、貯蔵し、販売し、又は処理する営業を行う者のうち、食品の取扱いに従事する者の数が50人未満である事業場（以下この号において「小規模事業場」という。）を有する営業者。ただし、当該営業者が、食品の取扱いに従事する者の数が50人以上である事業場（以下この号において「大規模事業場」という。）を有するときは、法第51条第1項第2号に規定する取り扱う食品の特性に応じた取組に関する同項の厚生労働省令で定める基準は、当該営業者が有する小規模事業場についてのみ適用し、当該営業者が有する大規模事業場については、適用しないものとする。　　　　　　　　　（食品衛生法施行規則　66条の4　2号）

# 10　食品・食材の取扱い

## 【42】　加熱せずに供する食材の殺菌

(6)　野菜及び果物を加熱せずに供する場合には、別添2（※編注）に従い、流水（食品製造用水[注1]として用いるもの。以下同じ。）で十分洗浄し、必要に応じて次亜塩素酸ナトリウム等で殺菌[注2]した後、流水で十分すすぎ洗いを行うこと。特に高齢者、若齢者及び抵抗力の弱い者を対象とした食事を提供する施設で、加熱せずに供する場合（表皮を除去する場合を除く。）には、殺菌を行うこと。

注1：従前の「飲用適の水」に同じ。（「食品、添加物等の規格基準」（昭和34年厚生省告示第370号）の改正により用語のみ読み替えたもの。定義については同告示の「第1　食品　B　食品一般の製造、加工及び調理基準」を参照のこと。）

注2：次亜塩素酸ナトリウム溶液又はこれと同等の効果を有する亜塩素酸水（きのこ類を除く。）、亜塩素酸ナトリウム溶液（生食用野菜に限る。）、過酢酸製剤、次亜塩素酸水並びに食品添加物として使用できる有機酸溶液。これらを使用する場合、食品衛生法で規定する「食品、添加物等の規格基準」を遵守すること。　　　　（大量調理施設衛生管理マニュアル　Ⅱ　1　(6)）

※編注：別添2の該当部分は以下のとおりです。

（原材料等の保管管理マニュアル）

1. 野菜・果物[注3]
   ①　衛生害虫、異物混入、腐敗・異臭等がないか点検する。異常品は返品又は使用禁止とする。
   ②　各材料ごとに、50 g程度ずつ清潔な容器（ビニール袋等）に密封して入れ、－20℃以下で2週間以上保存する。（検食用）
   ③　専用の清潔な容器に入れ替えるなどして、10℃前後で保存する。

（冷凍野菜は－15℃以下）

④　流水で3回以上水洗いする。

⑤　中性洗剤で洗う。

⑥　流水で十分すすぎ洗いする。

⑦　必要に応じて、次亜塩素酸ナトリウム等[注4]で殺菌[注5]した後、流水で十分すすぎ洗いする。

⑧　水切りする。

⑨　専用のまな板、包丁でカットする。

⑩　清潔な容器に入れる。

⑪　清潔なシートで覆い（容器がふた付きの場合を除く）、調理まで30分以上を要する場合には、10℃以下で冷蔵保存する。

注3：表面の汚れが除去され、分割・細切されずに皮付きで提供されるみかん等の果物にあっては、③から⑧までを省略して差し支えない。

注4：次亜塩素酸ナトリウム溶液（200mg/ℓで5分間又は100mg/ℓで10分間）又はこれと同等の効果を有する亜塩素酸水（きのこ類を除く。）、亜塩素酸ナトリウム溶液（生食用野菜に限る。）、過酢酸製剤、次亜塩素酸水並びに食品添加物として使用できる有機酸溶液。これらを使用する場合、食品衛生法で規定する「食品、添加物等の規格基準」を遵守すること。

注5：高齢者、若齢者及び抵抗力の弱い者を対象とした食事を提供する施設で、加熱せずに供する場合（表皮を除去する場合を除く。）には、殺菌を行うこと。

（大量調理施設衛生管理マニュアル　別添2）

→参考：調理場における衛生管理＆調理技術マニュアル　第2章

## 【43】　加熱調理後の食品の冷却

（10）　加熱調理後の食品の冷却、非加熱調理食品の下処理後における調理場等での一時保管等は、他からの二次汚染を防止する

ため、清潔な場所で行うこと。

（大量調理施設衛生管理マニュアル　Ⅱ　3　(10)）

## 【44】　床面からの跳ね水等による汚染防止

二　調理場における食品及び調理用の器具及び容器は、床面から60㎝以上の高さの置台の上に置くこと。

（学校給食衛生管理基準　第3　1　(4)　③　二）

(9)　食品並びに移動性の器具及び容器の取り扱いは、床面からの跳ね水等による汚染を防止するため、床面から60㎝以上の場所で行うこと。ただし、跳ね水等からの直接汚染が防止できる食缶等で食品を取り扱う場合には、30㎝以上の台にのせて行うこと。　　　　　　（大量調理施設衛生管理マニュアル　Ⅱ　3　(9)）

## 【45】　野菜類の取扱い

二　野菜類の使用については、二次汚染防止の観点から、原則として加熱調理すること。また、教育委員会等において、生野菜の使用に当たっては、食中毒の発生状況、施設及び設備の状況、調理過程における二次汚染防止のための措置、学校給食調理員の研修の実施、管理運営体制の整備等の衛生管理体制の実態、並びに生野菜の食生活に果たす役割等を踏まえ、安全性を確認しつつ、加熱調理の有無を判断すること。さらに、生野菜の使用に当たっては、流水で十分洗浄し、必要に応じて、消毒するとともに、消毒剤が完全に洗い落とされるまで流水で水洗いすること。

三　和えもの、サラダ等の料理の混ぜ合わせ、料理の配食及び盛
りつけに際しては、清潔な場所で、清潔な器具を使用し、料理
に直接手を触れないよう調理すること。
（学校給食衛生管理基準　第3　1　(4)　①　二・三）

→参考：調理場における衛生管理＆調理技術マニュアル　第2章

## 【46】　泥つきの根菜類等の処理

八　泥つきの根菜類等の処理は、検収室で行い、下処理室を清潔
に保つこと。　　　　（学校給食衛生管理基準　第3　1　(3)　八）

→参考：調理場における衛生管理＆調理技術マニュアル　第2章

## 【47】　牛乳の取扱い

七　牛乳については、専用の保冷庫等により適切な温度管理を行
い、新鮮かつ良好なものが飲用に供されるよう品質の保持に努
めること。　　　　　　（学校給食衛生管理基準　第3　1　(3)　七）

## 【48】　マヨネーズの調理

五　マヨネーズは、つくらないこと。
（学校給食衛生管理基準　第3　1　(4)　①　五）

## 【49】　缶詰の取扱い

六　缶詰は、缶の状態、内壁塗装の状態等を注意すること。
（学校給食衛生管理基準　第3　1　(4)　①　六）

## 【50】　食肉・魚介類・卵の取扱い

　三　食肉、魚介類及び卵は、専用の容器、調理用の機器及び器具を使用し、他の食品への二次汚染を防止すること。

（学校給食衛生管理基準　第3　1　(4)　③　三）

## 【51】　加熱調理後の食品の取扱い

　六　加熱調理した食品を一時保存する場合又は調理終了後の食品については、衛生的な容器にふたをして保存するなど、衛生的な取扱いを行い、他からの二次汚染を防止すること。
　七　調理終了後の食品は、素手でさわらないこと。

（学校給食衛生管理基準　第3　1　(4)　③　六・七）

# 11　原材料の温度管理

## 【52】　原材料の適切な温度管理

　二　原材料の適切な温度管理を行い、鮮度を保つこと。また、冷蔵保管及び冷凍保管する必要のある食品は常温放置しないこと。
　三　加熱調理後冷却する必要のある食品については、冷却機等を用いて温度を下げ、調理用冷蔵庫で保管し、食中毒菌等の発育至適温度帯の時間を可能な限り短くすること。また、加熱終了時、冷却開始時及び冷却終了時の温度及び時間を記録すること。

（学校給食衛生管理基準　第3　1　(4)　④　二・三）

(1)　原材料は、別添1（※編注）に従い、戸棚、冷凍又は冷蔵設備に適切な温度で保存すること。また、原材料搬入時の時刻、室温及び冷凍又は冷蔵設備内温度を記録すること。

(2)　冷凍又は冷蔵設備から出した原材料は、速やかに下処理、調理を行うこと。非加熱で供される食品については、下処理後速やかに調理に移行すること。

（大量調理施設衛生管理マニュアル　II　4　(1)・(2)）

※編注：別添1は以下のとおりです。

（別添1）原材料、製品等の保存温度

| 食　品　名 | 保存温度 |
|---|---|
| 穀類加工品（小麦粉、デンプン） | 室温 |
| 砂　　　　　　　　　　糖 | 室温 |
| 食　肉　・　鯨　肉 | 10℃以下 |
| 細切した食肉・鯨肉を凍結したものを容器包装に入れたもの | −15℃以下 |
| 食　　肉　　製　　品 | 10℃以下 |
| 鯨　　肉　　製　　品 | 10℃以下 |
| 冷　凍　食　肉　製　品 | −15℃以下 |
| 冷　凍　鯨　肉　製　品 | −15℃以下 |
| ゆ　で　だ　こ | 10℃以下 |
| 冷　凍　ゆ　で　だ　こ | −15℃以下 |
| 生　食　用　か　き | 10℃以下 |
| 生　食　用　冷　凍　か　き | −15℃以下 |
| 冷　凍　食　品 | −15℃以下 |
| 魚肉ソーセージ、魚肉ハム及び特殊包装かまぼこ | 10℃以下 |
| 冷凍魚肉ねり製品 | −15℃以下 |
| 液　状　油　脂 | 室温 |
| 固　形　油　脂 | 10℃以下 |
| （ラード、マーガリン、ショートニング、カカオ脂） | |
| 殻　　付　　卵 | 10℃以下 |
| 液　　　　　　卵 | 8℃以下 |
| 凍　　結　　卵 | −18℃以下 |
| 乾　　燥　　卵 | 室温 |
| ナ　ッ　ツ　類 | 15℃以下 |
| チ　ョ　コ　レ　ー　ト | 15℃以下 |
| 生　鮮　果　実　・　野　菜 | 10℃前後 |
| 生　鮮　魚　介　類　（生食用鮮魚介類を含む。） | 5℃以下 |
| 乳　・　濃　縮　乳 | ⎫ |
| 脱　　脂　　乳 | ⎬ 10℃以下 |
| ク　リ　ー　ム | ⎭ |
| バ　　タ　　ー | ⎫ |
| チ　ー　ズ | ⎬ 15℃以下 |
| 練　　乳 | ⎭ |
| 清　涼　飲　料　水 | 室温 |
| （食品衛生法の食品、添加物等の規格基準に規定のあるものについては、当該保存基準に従うこと。） | |

（大量調理施設衛生管理マニュアル　別添1）

## 12　ノロウイルス対策としての加熱調理の中心温度

### 【53】　ノロウイルス対策としての加熱調理の中心温度

> 一　給食の食品は、原則として、前日調理を行わず、全てその日
> に学校給食調理場で調理し、生で食用する野菜類、果実類等を
> 除き、加熱処理したものを給食すること。また、加熱処理する
> 食品については、中心部温度計を用いるなどにより、中心部が
> 75℃で1分間以上（二枚貝等ノロウイルス汚染のおそれのある
> 食品の場合は85℃で1分間以上）又はこれと同等以上の温度ま
> で加熱されていることを確認し、その温度と時間を記録するこ
> と。さらに、中心温度計については、定期的に検査を行い、正
> 確な機器を使用すること。
>
> （学校給食衛生管理基準　第3　1　(4)　①　一）
>
>
> 　加熱調理食品は、別添2（※編注）に従い、中心部温度計を用い
> るなどにより、中心部が75℃で1分間以上（二枚貝等ノロウイルス
> 汚染のおそれのある食品の場合は85〜90℃で90秒間以上）又はこ
> れと同等以上まで加熱されていることを確認するとともに、温度
> と時間の記録を行うこと。
>
> （大量調理施設衛生管理マニュアル　Ⅱ　2）

※編注：別添2の該当部分は以下のとおりです。

> （加熱調理食品の中心温度及び加熱時間の記録マニュアル）
> 1. 揚げ物
>    ①　油温が設定した温度以上になったことを確認する。
>    ②　調理を開始した時間を記録する。
>    ③　調理の途中で適当な時間を見はからって食品の中心温度を校正
>    　された温度計で3点以上測定し、全ての点において75℃以上に達

していた場合には、それぞれの中心温度を記録するとともに、その時点からさらに1分以上加熱を続ける（二枚貝等ノロウイルス汚染のおそれのある食品の場合は85〜90℃で90秒間以上）。

④　最終的な加熱処理時間を記録する。

⑤　なお、複数回同一の作業を繰り返す場合には、油温が設定した温度以上であることを確認・記録し、①〜④で設定した条件に基づき、加熱処理を行う。油温が設定した温度以上に達していない場合には、油温を上昇させるため必要な措置を講ずる。

2.　焼き物及び蒸し物

①　調理を開始した時間を記録する。

②　調理の途中で適当な時間を見はからって食品の中心温度を校正された温度計で3点以上測定し、全ての点において75℃以上に達していた場合には、それぞれの中心温度を記録するとともに、その時点からさらに1分以上加熱を続ける（二枚貝等ノロウイルス汚染のおそれのある食品の場合は85〜90℃で90秒間以上）。

③　最終的な加熱処理時間を記録する。

④　なお、複数回同一の作業を繰り返す場合には、①〜③で設定した条件に基づき、加熱処理を行う。この場合、中心温度の測定は、最も熱が通りにくいと考えられる場所の一点のみでもよい。

3.　煮物及び炒め物

調理の順序は食肉類の加熱を優先すること。食肉類、魚介類、野菜類の冷凍品を使用する場合には、十分解凍してから調理を行うこと。

①　調理の途中で適当な時間を見はからって、最も熱が通りにくい具材を選び、食品の中心温度を校正された温度計で3点以上（煮物の場合は1点以上）測定し、全ての点において75℃以上に達していた場合には、それぞれの中心温度を記録するとともに、その時点からさらに1分以上加熱を続ける（二枚貝等ノロウイルス汚染のおそれのある食品の場合は85〜90℃で90秒間以上）。

なお、中心温度を測定できるような具材がない場合には、調理釜の中心付近の温度を3点以上（煮物の場合は1点以上）測定する。

②　複数回同一の作業を繰り返す場合にも、同様に点検・記録を行う。　　　　　　　　　（大量調理施設衛生管理マニュアル　別添2）

## 13　製品の温度管理

### 【54】　製品の温度管理

ロ　直接日光にさらす等不適切な温度で販売したりすることのないよう管理すること。　（食品衛生法施行規則　別表17　十二　ロ）

## 14　調理済み食品の温度管理

### 【55】　調理済み食品の温度管理

四　和えもの、サラダ等については、各食品を調理後速やかに冷却機等で冷却を行った上で、冷却後の二次汚染に注意し、冷蔵庫等で保管するなど適切な温度管理を行うこと。また、やむを得ず水で冷却する場合は、直前に使用水の遊離残留塩素が0.1mg/L以上であることを確認し、確認した数値及び時間を記録すること。さらに、和える時間を配食の直前にするなど給食までの時間の短縮を図り、調理終了時に温度及び時間を記録すること。

（学校給食衛生管理基準　第3　1　(4)　①　四）

(3)　調理後直ちに提供される食品以外の食品は、食中毒菌の増殖を抑制するために、10℃以下又は65℃以上で管理することが必要である。（別添3（※編注）参照）

①　加熱調理後、食品を冷却する場合には、食中毒菌の発育至適温度帯（約20℃～50℃）の時間を可能な限り短くするため、冷却機を用いたり、清潔な場所で衛生的な容器に小分けする

などして、30分以内に中心温度を20℃付近（又は60分以内に中心温度を10℃付近）まで下げるよう工夫すること。

　　この場合、冷却開始時刻、冷却終了時刻を記録すること。
②　調理が終了した食品は速やかに提供できるよう工夫すること。

　　調理終了後30分以内に提供できるものについては、調理終了時刻を記録すること。また、調理終了後提供まで30分以上を要する場合は次のア及びイによること。

ア　温かい状態で提供される食品については、調理終了後速やかに保温食缶等に移し保存すること。この場合、食缶等へ移し替えた時刻を記録すること。

イ　その他の食品については、調理終了後提供まで10℃以下で保存すること。

　　この場合、保冷設備への搬入時刻、保冷設備内温度及び保冷設備からの搬出時刻を記録すること。
③　配送過程においては保冷又は保温設備のある運搬車を用いるなど、10℃以下又は65℃以上の適切な温度管理を行い配送し、配送時刻の記録を行うこと。

　　また、65℃以上で提供される食品以外の食品については、保冷設備への搬入時刻及び保冷設備内温度の記録を行うこと。
④　共同調理施設等で調理された食品を受け入れ、提供する施設においても、温かい状態で提供される食品以外の食品であって、提供まで30分以上を要する場合は提供まで10℃以下で保存すること。

　　この場合、保冷設備への搬入時刻、保冷設備内温度及び保冷設備からの搬出時刻を記録すること。

　　　　　　　　　　（大量調理施設衛生管理マニュアル　Ⅱ　4　(3)）

※編注：別添3は以下のとおりです。

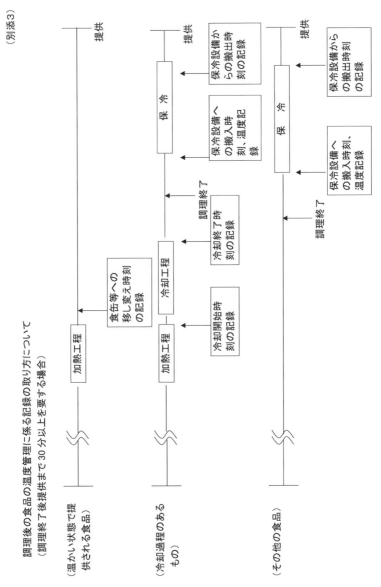

（別添3）

調理後の食品の温度管理に係る記録の取り方について
（調理終了後提供まで30分以上を要する場合）

（温かい状態で提供される食品）

（冷却過程のあるもの）

（その他の食品）

加熱工程 ─ 提供

加熱工程 ─ 食缶等への移し変え時刻の記録 ─ 冷却工程 ─ 冷却開始時刻の記録 ／ 冷却終了時刻の記録 ─ 調理終了 ─ 保冷 ─ 保冷設備への搬入時刻、温度記録 ／ 保冷設備からの搬出時刻の記録 ─ 提供

保冷 ─ 調理終了 ─ 保冷設備への搬入時刻、温度記録 ／ 保冷設備からの搬出時刻の記録 ─ 提供

（大量調理施設衛生管理マニュアル　別添3）

## 15　配送及び配食の温度管理

### 【56】　配送及び配食の温度管理

> 四　配送及び配食に当たっては、必要に応じて保温食缶及び保冷食缶若しくは蓄冷材等を使用し、温度管理を行うこと。
> （学校給食衛生管理基準　第3　1　(4)　④　四）

## 16　調理済み食品の喫食時間管理

### 【57】　調理済み食品の喫食時間管理

> 五　調理後の食品は、適切な温度管理を行い、調理後2時間以内に給食できるよう努めること。また、配食の時間を毎日記録すること。さらに、共同調理場においては、調理場搬出時及び受配校搬入時の時間を毎日記録するとともに、温度を定期的に記録すること。　（学校給食衛生管理基準　第3　1　(4)　④　五）
>
> (4)　調理後の食品は、調理終了後から2時間以内に喫食することが望ましい。　（大量調理施設衛生管理マニュアル　Ⅱ　4　(4)）

## 17　トッピングする非加熱調理食品の保管

### 【58】　トッピングする非加熱調理食品の保管

> 六　加熱調理食品にトッピングする非加熱調理食品は、衛生的に

保管し、トッピングする時期は給食までの時間が極力短くなる
ようにすること。　（学校給食衛生管理基準　第3 1 （4） ④ 六）

① 加熱調理食品にトッピングする非加熱調理食品は、直接喫食
する非加熱調理食品と同様の衛生管理を行い、トッピングする
時期は提供までの時間が極力短くなるようにすること。
（大量調理施設衛生管理マニュアル Ⅱ 5 （5） ①）

# 18　調理終了後の食品の保存

## 【59】　調理終了後の食品の保存

五　下処理後の加熱を行わない食品及び加熱調理後冷却する必要
のある食品の保管には、原材料用冷蔵庫は使用しないこと。
（学校給食衛生管理基準　第3 1 （4） ③ 五）

（11）　調理終了後の食品は衛生的な容器にふたをして保存し、他
からの二次汚染を防止すること。
（大量調理施設衛生管理マニュアル Ⅱ 3 （11））

# 19　使用水（飲料水）

## 【60】　使用水（飲料水）の基準

一　使用水は、学校環境衛生基準（平成21年文部科学省告示第60

　号）（※編注）に定める基準を満たす飲料水を使用すること。また、毎日、調理開始前に十分流水した後及び調理終了後に遊離残留塩素が0.1mg／L以上であること並びに外観、臭気、味等について水質検査を実施し、その結果を記録すること。
二　使用水について使用に不適な場合は、給食を中止し速やかに改善措置を講じること。また、再検査の結果使用した場合は、使用した水1Lを保存食用の冷凍庫に−20℃以下で2週間以上保存すること。

（学校給食衛生管理基準　第3　1　(4)　②　一・二）

※編注：学校環境衛生基準の該当部分は以下のとおりです。
第2　飲料水等の水質及び施設・設備に係る学校環境衛生基準
　1　飲料水等の水質及び施設・設備に係る学校環境衛生基準は、次表の左欄に掲げる検査項目ごとに、同表の右欄のとおりとする。

| 検査項目 | | 基　準 |
|---|---|---|
| 水質 | (1)　水道水を水源とする飲料水（専用水道を除く。）の水質 | |
| | ア．一般細菌 | 　水質基準に関する省令（平成15年厚生労働省令第101号）の表の下欄に掲げる基準による。 |
| | イ．大腸菌 | |
| | ウ．塩化物イオン | |
| | エ．有機物（全有機炭素（ＴＯＣ）の量） | |
| | オ．ｐＨ値 | |
| | カ．味 | |
| | キ．臭気 | |
| | ク．色度 | |

| | | ケ．濁度 | |
|---|---|---|---|
| | | コ．遊離残留塩素 | 水道法施行規則（昭和32年厚生省令第45号）第17条第1項第3号に規定する遊離残留塩素の基準による。 |
| | (2)　専用水道に該当しない井戸水等を水源とする飲料水の水質 | | |
| | | ア．専用水道（水道法（昭和32年法律第177号）第3条第6項に規定する「専用水道」をいう。以下同じ。）が実施すべき水質検査の項目 | 水質基準に関する省令の表の下欄に掲げる基準による。 |
| | | イ．遊離残留塩素 | 水道法施行規則第17条第1項第3号に規定する遊離残留塩素の基準による。 |
| | (3)　専用水道（水道水を水源とする場合を除く。）及び専用水道に該当しない井戸水等を水源とする飲料水の原水の水質 | | |
| | | ア．一般細菌 | 水質基準に関する省令の表の下欄に掲げる基準による。 |
| | | イ．大腸菌 | |
| | | ウ．塩化物イオン | |
| | | エ．有機物（全有機炭素（ＴＯＣ）の量） | |

| | | オ．pH値 | |
| --- | --- | --- | --- |
| | | カ．味 | |
| | | キ．臭気 | |
| | | ク．色度 | |
| | | ケ．濁度 | |
| | (4)　雑用水の水質 | | |
| | | ア．pH値 | 5.8以上8.6以下であること。 |
| | | イ．臭気 | 異常でないこと。 |
| | | ウ．外観 | ほとんど無色透明であること。 |
| | | エ．大腸菌 | 検出されないこと。 |
| | | オ．遊離残留塩素 | 0.1mg／L（結合残留塩素の場合は0.4mg／L）以上であること。 |
| 施設・設備 | (5)　飲料水に関する施設・設備 | | |
| | | ア．給水源の種類 | 　上水道、簡易水道、専用水道、簡易専用水道及び井戸その他の別を調べる。 |
| | | イ．維持管理状況等 | （ア）　配管、給水栓、給水ポンプ、貯水槽及び浄化設備等の給水施設・設備は、外部からの汚染を受けないように管理されていること。また、機能は適切に維持されていること。<br>（イ）　給水栓は吐水口空間が確保されていること。<br>（ウ）　井戸その他を給水源とする場合は、汚水等が浸透、流入せず、雨水又は異物等が入らないように適切に管理されていること。 |

| | | | |
|---|---|---|---|
| | | | (エ)　故障、破損、老朽又は漏水等の箇所がないこと。 |
| | | | (オ)　塩素消毒設備又は浄化設備を設置している場合は、その機能が適切に維持されていること。 |
| | ウ．貯水槽の清潔状態 | | 貯水槽の清掃は、定期的に行われていること。 |
| (6)　雑用水に関する施設・設備 | | | (ア)　水管には、雨水等雑用水であることを表示していること。 |
| | | | (イ)　水栓を設ける場合は、誤飲防止の構造が維持され、飲用不可である旨表示していること。 |
| | | | (ウ)　飲料水による補給を行う場合は、逆流防止の構造が維持されていること。 |
| | | | (エ)　貯水槽は、破損等により外部からの汚染を受けず、その内部は清潔であること。 |
| | | | (オ)　水管は、漏水等の異常が認められないこと。 |

（学校環境衛生基準　第2　1）

## 【61】　使用水（飲料水）の安全管理

(12)　使用水は食品製造用水を用いること。また、使用水は、色、濁り、におい、異物のほか、貯水槽を設置している場合や井戸水等を殺菌・ろ過して使用する場合には、遊離残留塩素が0.1mg/ℓ以上であることを始業前及び調理作業終了後に毎日検査し、記録すること。

（大量調理施設衛生管理マニュアル　Ⅱ　3　(12)）

⑦　水道事業により供給される水以外の井戸水等の水を使用する
　場合には、公的検査機関、厚生労働大臣の登録検査機関等に依
　頼して、年2回以上水質検査を行うこと。検査の結果、飲用不適
　とされた場合は、直ちに保健所長の指示を受け、適切な措置を
　講じること。なお、検査結果は1年間保管すること。

　　　　　　　　（大量調理施設衛生管理マニュアル　Ⅱ　5　(2)　⑦)

イ　食品又は添加物を製造し、加工し、又は調理するときに使用
　する水は、水道法（昭和32年法律第177号）第3条第2項（※編注
　1）に規定する水道事業、同条第6項（※編注2）に規定する専用
　水道若しくは同条第7項（※編注3）に規定する簡易専用水道に
　より供給される水（別表第19第3号へにおいて「水道事業等によ
　り供給される水」という。）又は飲用に適する水であること。た
　だし、冷却その他食品又は添加物の安全性に影響を及ぼさない
　工程における使用については、この限りではない。
ロ　飲用に適する水を使用する場合にあつては、1年1回以上水質
　検査を行い、成績書を1年間（取り扱う食品又は添加物が使用さ
　れ、又は消費されるまでの期間が1年以上の場合は、当該期間）
　保存すること。ただし、不慮の災害により水源等が汚染された
　おそれがある場合にはその都度水質検査を行うこと。
ハ　ロの検査の結果、イの条件を満たさないことが明らかとなつ
　た場合は、直ちに使用を中止すること。
ニ　貯水槽を使用する場合は、貯水槽を定期的に清掃し、清潔に
　保つこと。
ホ　飲用に適する水を使用する場合で殺菌装置又は浄水装置を設
　置している場合には、装置が正常に作動しているかを定期的に

確認し、その結果を記録すること。

ヘ　食品に直接触れる氷は、適切に管理された給水設備によつて供給されたイの条件を満たす水から作ること。また、氷は衛生的に取り扱い、保存すること。

ト　使用した水を再利用する場合にあつては、食品又は添加物の安全性に影響しないよう必要な処理を行うこと。

（食品衛生法施行規則　別表17　四　イ～ト）

※編注1～3：水道法第3条第2項、第6項、第7項は以下のとおりです。

2　この法律において「水道事業」とは、一般の需要に応じて、水道により水を供給する事業をいう。ただし、給水人口が100人以下である水道によるものを除く。

6　この法律において「専用水道」とは、寄宿舎、社宅、療養所等における自家用の水道その他水道事業の用に供する水道以外の水道であつて、次の各号のいずれかに該当するものをいう。ただし、他の水道から供給を受ける水のみを水源とし、かつ、その水道施設のうち地中又は地表に施設されている部分の規模が政令で定める基準以下である水道を除く。

一　100人を超える者にその居住に必要な水を供給するもの

二　その水道施設の1日最大給水量（1日に給水することができる最大の水量をいう。以下同じ。）が政令で定める基準を超えるもの

7　この法律において「簡易専用水道」とは、水道事業の用に供する水道及び専用水道以外の水道であつて、水道事業の用に供する水道から供給を受ける水のみを水源とするものをいう。ただし、その用に供する施設の規模が政令で定める基準以下のものを除く。

（水道法　3条　2項・6項・7項）

## 20　検食の保存

### 【62】　原材料及び調理済み食品における検食の保存

　検食は、原材料及び調理済み食品を食品ごとに50ｇ程度ずつ清潔な容器（ビニール袋等）に入れ、密封し、－20℃以下で2週間以上保存すること。

　なお、原材料は、特に、洗浄・殺菌等を行わず、購入した状態で、調理済み食品は配膳後の状態で保存すること。

（大量調理施設衛生管理マニュアル　Ⅱ　5　(3)）


イ　同一の食品を1回300食又は1日750食以上調理し、提供する営業者にあつては、原材料及び調理済の食品ごとに適切な期間保存すること。なお、原材料は、洗浄殺菌等を行わず、購入した状態で保存すること。

ロ　イの場合、調理した食品の提供先、提供時刻（調理した食品を運送し、提供する場合にあつては、当該食品を搬出した時刻）及び提供した数量を記録し保存すること。

（食品衛生法施行規則　別表17　八　イ・ロ）

→参考：調理場における衛生管理＆調理技術マニュアル　第5章


## 21　調理に伴う廃棄物の取扱い

### 【63】　調理に伴う廃棄物の取扱い

一　廃棄物は、分別し、衛生的に処理すること。

二　廃棄物は、汚臭、汚液がもれないように管理すること。また、廃棄物のための容器は、作業終了後速やかに清掃し、衛生上支障がないように保持すること。

三　返却された残菜は、非汚染作業区域に持ち込まないこと。

四　廃棄物は、作業区域内に放置しないこと。

五　廃棄物の保管場所は、廃棄物の搬出後清掃するなど、環境に悪影響を及ぼさないよう管理すること。

（学校給食衛生管理基準　第3　1　(4)　⑤　一～五）

②　廃棄物（調理施設内で生じた廃棄物及び返却された残渣をいう。）の管理は、次のように行うこと。

ア　廃棄物容器は、汚臭、汚液がもれないように管理するとともに、作業終了後は速やかに清掃し、衛生上支障のないように保持すること。

イ　返却された残渣は非汚染作業区域に持ち込まないこと。

ウ　廃棄物は、適宜集積場に搬出し、作業場に放置しないこと。

エ　廃棄物集積場は、廃棄物の搬出後清掃するなど、周囲の環境に悪影響を及ぼさないよう管理すること。

（大量調理施設衛生管理マニュアル　Ⅱ　5　(5)　②）

イ　廃棄物の保管及びその廃棄の方法について、手順を定めること。

ロ　廃棄物の容器は、他の容器と明確に区別できるようにし、汚液又は汚臭が漏れないように清潔にしておくこと。

ハ　廃棄物は、食品衛生上の危害の発生を防止することができると認められる場合を除き、食品又は添加物を取り扱い、又は保存する区域（隣接する区域を含む。）に保管しないこと。

ニ　廃棄物の保管場所は、周囲の環境に悪影響を及ぼさないよう
　適切に管理を行うことができる場所とすること。
ホ　廃棄物及び排水の処理を適切に行うこと。

（食品衛生法施行規則　別表17　六　イ〜ホ）

## 22　運搬時の管理

### 【64】　運搬時の管理

イ　食品又は添加物の運搬に用いる車両、コンテナ等は、食品、
　添加物又はこれらの容器包装を汚染しないよう必要に応じて洗
　浄及び消毒をすること。
ロ　車両、コンテナ等は、清潔な状態を維持するとともに、補修
　を行うこと等により適切な状態を維持すること。
ハ　食品又は添加物及び食品又は添加物以外の貨物を混載する場
　合は、食品又は添加物以外の貨物からの汚染を防止するため、
　必要に応じ、食品又は添加物を適切な容器に入れる等区分する
　こと。
ニ　運搬中の食品又は添加物がじん埃及び排気ガス等に汚染され
　ないよう管理すること。
ホ　品目が異なる食品又は添加物及び食品又は添加物以外の貨物
　の運搬に使用した車両、コンテナ等を使用する場合は、効果的
　な方法により洗浄し、必要に応じ消毒を行うこと。
ヘ　ばら積みの食品又は添加物にあつては、必要に応じて食品又
　は添加物専用の車両、コンテナ等を使用し、食品又は添加物の
　専用であることを明示すること。

　ト　運搬中の温度及び湿度の管理に注意すること。

　チ　運搬中の温度及び湿度を踏まえた配送時間を設定し、所定の
　　　配送時間を超えないよう適切に管理すること。

　リ　調理された食品を配送し、提供する場合にあつては、飲食に
　　　供されるまでの時間を考慮し、適切に管理すること。

（食品衛生法施行規則　別表17　十一　イ～リ）

# 第 3 章

作業における衛生管理

74

## 23　献立作成

### 【65】　献立作成

> 一　献立作成は、学校給食施設及び設備並びに人員等の能力に応じたものとするとともに、衛生的な作業工程及び作業動線となるよう配慮すること。
> 二　高温多湿の時期は、なまもの、和えもの等については、細菌の増殖等が起こらないように配慮すること。
> 三　保健所等から情報を収集し、地域における感染症、食中毒の発生状況に配慮すること。
> 四　献立作成委員会を設ける等により、栄養教諭等、保護者その他の関係者の意見を尊重すること。
> 五　統一献立（複数の学校で共通して使用する献立をいう。）を作成するに当たっては、食品の品質管理又は確実な検収を行う上で支障を来すことがないよう、一定の地域別又は学校種別等の単位に分けること等により適正な規模での作成に努めること。
>
> 　　　　　　　　（学校給食衛生管理基準　第3　1　(1)　一〜五）
>
> (14)　献立の作成に当たっては、施設の人員等の能力に余裕を持った献立作成を行うこと。
>
> 　　　　　　　（大量調理施設衛生管理マニュアル　Ⅲ　1　(14)）

## 24　調理工程表の作成

### 【66】　調理工程表の作成

> (15)　献立ごとの調理工程表の作成に当たっては、次の事項に留

意すること。

ア　調理従事者等の汚染作業区域から非汚染作業区域への移動
　を極力行わないようにすること。

イ　調理従事者等の一日ごとの作業の分業化を図ることが望ま
　しいこと。

ウ　調理終了後速やかに喫食されるよう工夫すること。

　　また、衛生管理者は調理工程表に基づき、調理従事者等と
　作業分担等について事前に十分な打合せを行うこと。

（大量調理施設衛生管理マニュアル　Ⅲ　1　(15)）

→参考：学校給食調理従事者研修マニュアル　第6章　Ⅱ
　　　　食品製造におけるHACCP入門のための手引書［大量調理施設に
　　　　おける食品の調理編］（第3版）　第3章

# 25　危害発生防止するための工程管理

## 【67】　危害発生防止するための工程管理

一　危害要因の分析
　　食品又は添加物の製造、加工、調理、運搬、貯蔵又は販売の
　工程ごとに、食品衛生上の危害を発生させ得る要因（以下この
　表において「危害要因」という。）の一覧表を作成し、これらの
　危害要因を管理するための措置（以下この表において「管理措
　置」という。）を定めること。

二　重要管理点の決定
　　前号で特定された危害要因につき、その発生を防止し、排除

し、又は許容できる水準にまで低減するために管理措置を講ずることが不可欠な工程（以下この表において「重要管理点」という。）を決定すること。

三　管理基準の設定

　個々の重要管理点における危害要因につき、その発生を防止し、排除し、又は許容できる水準にまで低減するための基準（以下この表において「管理基準」という。）を設定すること。

四　モニタリング方法の設定

　重要管理点の管理について、連続的な又は相当の頻度による実施状況の把握（以下この表において「モニタリング」という。）をするための方法を設定すること。

五　改善措置の設定

　個々の重要管理点において、モニタリングの結果、管理基準を逸脱したことが判明した場合の改善措置を設定すること。

六　検証方法の設定

　前各号に規定する措置の内容の効果を、定期的に検証するための手順を定めること。

七　記録の作成

　営業の規模や業態に応じて、前各号に規定する措置の内容に関する書面とその実施の記録を作成すること。

（食品衛生法施行規則　別表18　一～七）

# 26　納入・検収

## 【68】　原材料の納入

三　食肉類、魚介類等生鮮食品は、原則として、当日搬入すると

ともに、一回で使い切る量を購入すること。また、当日搬入できない場合には、冷蔵庫等で適切に温度管理するなど衛生管理に留意すること。　　　（学校給食衛生管理基準　第3 1 （3） 三）

(5)　原材料の納入に際しては、缶詰、乾物、調味料等常温保存可能なものを除き、食肉類、魚介類、野菜類等の生鮮食品については1回で使い切る量を調理当日に仕入れるようにすること。

（大量調理施設衛生管理マニュアル　Ⅱ　1　（5））

## 【69】 検収の方法

一　検収は、あらかじめ定めた検収責任者が、食品の納入に立会し、品名、数量、納品時間、納入業者名、製造業者名及び所在地、生産地、品質、鮮度、箱、袋の汚れ、破れその他の包装容器等の状況、異物混入及び異臭の有無、消費期限又は賞味期限、製造年月日、品温（納入業者が運搬の際、適切な温度管理を行っていたかどうかを含む。）、年月日表示、ロット（一の製造期間内に一連の製造工程により均質性を有するように製造された製品の一群をいう。以下同じ。）番号その他のロットに関する情報について、毎日、点検を行い、記録すること。また、納入業者から直接納入する食品の検収は、共同調理場及び受配校において適切に分担し実施するとともに、その結果を記録すること。

二　検収のために必要な場合には、検収責任者の勤務時間を納入時間に合わせて割り振ること。

四　納入業者から食品を納入させるに当たっては、検収室において食品の受け渡しを行い、下処理室及び調理室に立ち入らせないこと。

五　食品は、検収室において、専用の容器に移し替え、下処理室及び食品の保管室にダンボール等を持ち込まないこと。また、検収室内に食品が直接床面に接触しないよう床面から60cm以上の高さの置台を設けること。

（学校給食衛生管理基準　第3　1　(3)　一・二・四・五）

## 【70】　原材料の検収及び記録

(4)　原材料の納入に際しては調理従事者等が必ず立ち合い、検収場で品質、鮮度、品温（納入業者が運搬の際、別添1（※編注）に従い、適切な温度管理を行っていたかどうかを含む。）、異物の混入等につき、点検を行い、その結果を記録すること。

（大量調理施設衛生管理マニュアル　Ⅱ　1　(4)）

※編注：別添1は以下のとおりです。

（別添１）原材料、製品等の保存温度

| 食　品　名 | 保存温度 |
|---|---|
| 穀類加工品（小麦粉、デンプン） | 室温 |
| 砂　　　　　　　　糖 | 室温 |
| 食　肉　・　鯨　肉 | 10℃以下 |
| 細切した食肉・鯨肉を凍結したものを容器包装に入れたもの | −15℃以下 |
| 食　　肉　　製　　品 | 10℃以下 |
| 鯨　　肉　　製　　品 | 10℃以下 |
| 冷　凍　食　肉　製　品 | −15℃以下 |
| 冷　凍　鯨　肉　製　品 | −15℃以下 |
| ゆ　　で　　だ　　こ | 10℃以下 |
| 冷　凍　ゆ　で　だ　こ | −15℃以下 |
| 生　食　用　か　き | 10℃以下 |
| 生　食　用　冷　凍　か　き | −15℃以下 |
| 冷　　凍　　食　　品 | −15℃以下 |
| 魚肉ソーセージ、魚肉ハム及び特殊包装かまぼこ | 10℃以下 |
| 冷凍魚肉ねり製品 | −15℃以下 |
| 液　　状　　油　　脂 | 室温 |
| 固　　形　　油　　脂 | 10℃以下 |
| （ラード、マーガリン、ショートニング、カカオ脂） | |
| 殻　　　付　　　卵 | 10℃以下 |
| 液　　　　　卵 | 8℃以下 |
| 凍　　　結　　　卵 | −18℃以下 |
| 乾　　　燥　　　卵 | 室温 |
| ナ　　ッ　　ツ　　類 | 15℃以下 |
| チ　ョ　コ　レ　ー　ト | 15℃以下 |
| 生　鮮　果　実　・　野　菜 | 10℃前後 |
| 生　鮮　魚　介　類（生食用鮮魚介類を含む。） | 5℃以下 |
| 乳　・　濃　縮　乳 | |
| 脱　　脂　　乳 | 10℃以下 |
| ク　リ　ー　ム | |
| バ　　タ　　ー | |
| チ　ー　ズ | 15℃以下 |
| 練　　　　　乳 | |
| 清　涼　飲　料　水 | 室温 |
| （食品衛生法の食品、添加物等の規格基準に規定のあるものについては、当該保存基準に従うこと。） | |

（大量調理施設衛生管理マニュアル　別添1）

## 【71】　加熱せずに喫食する食品の取扱い

(3)　加熱せずに喫食する食品（牛乳、発酵乳、プリン等容器包装に入れられ、かつ、殺菌された食品を除く。）については、乾物や摂取量が少ない食品も含め、製造加工業者の衛生管理の体制について保健所の監視票、食品等事業者の自主管理記録票等により確認するとともに、製造加工業者が従事者の健康状態の確認等ノロウイルス対策を適切に行っているかを確認すること。

（大量調理施設衛生管理マニュアル　Ⅱ　1　(3)）

## 【72】　加熱調理食品の取扱い

加熱調理食品は、別添2（※編注）に従い、中心部温度計を用いるなどにより、中心部が75℃で1分間以上（二枚貝等ノロウイルス汚染のおそれのある食品の場合は85〜90℃で90秒間以上）又はこれと同等以上まで加熱されていることを確認するとともに、温度と時間の記録を行うこと。

（大量調理施設衛生管理マニュアル　Ⅱ　2）

※編注：別添2の該当部分は以下のとおりです。

（加熱調理食品の中心温度及び加熱時間の記録マニュアル）

1.　揚げ物
　①　油温が設定した温度以上になったことを確認する。
　②　調理を開始した時間を記録する。
　③　調理の途中で適当な時間を見はからって食品の中心温度を校正された温度計で3点以上測定し、全ての点において75℃以上に達

していた場合には、それぞれの中心温度を記録するとともに、その時点からさらに1分以上加熱を続ける（二枚貝等ノロウイルス汚染のおそれのある食品の場合は85〜90℃で90秒間以上）。

④　最終的な加熱処理時間を記録する。

⑤　なお、複数回同一の作業を繰り返す場合には、油温が設定した温度以上であることを確認・記録し、①〜④で設定した条件に基づき、加熱処理を行う。油温が設定した温度以上に達していない場合には、油温を上昇させるため必要な措置を講ずる。

2.　焼き物及び蒸し物

①　調理を開始した時間を記録する。

②　調理の途中で適当な時間を見はからって食品の中心温度を校正された温度計で3点以上測定し、全ての点において75℃以上に達していた場合には、それぞれの中心温度を記録するとともに、その時点からさらに1分以上加熱を続ける（二枚貝等ノロウイルス汚染のおそれのある食品の場合は85〜90℃で90秒間以上）。

③　最終的な加熱処理時間を記録する。

④　なお、複数回同一の作業を繰り返す場合には、①〜③で設定した条件に基づき、加熱処理を行う。この場合、中心温度の測定は、最も熱が通りにくいと考えられる場所の一点のみでもよい。

3.　煮物及び炒め物

調理の順序は食肉類の加熱を優先すること。食肉類、魚介類、野菜類の冷凍品を使用する場合には、十分解凍してから調理を行うこと。

①　調理の途中で適当な時間を見はからって、最も熱が通りにくい具材を選び、食品の中心温度を校正された温度計で3点以上（煮物の場合は1点以上）測定し、全ての点において75℃以上に達していた場合には、それぞれの中心温度を記録するとともに、その時点からさらに1分以上加熱を続ける（二枚貝等ノロウイルス汚染のおそれのある食品の場合は85〜90℃で90秒間以上）。

なお、中心温度を測定できるような具材がない場合には、調理釜の中心付近の温度を3点以上（煮物の場合は1点以上）測定する。

② 複数回同一の作業を繰り返す場合にも、同様に点検・記録を行う。　　　　　（大量調理施設衛生管理マニュアル　別添2）

# 27 保管・保存

## 【73】 原材料の保管

二　原材料の適切な温度管理を行い、鮮度を保つこと。また、冷蔵保管及び冷凍保管する必要のある食品は常温放置しないこと。　　　　　（学校給食衛生管理基準　第3　1　(4)　④　二）

(2)　原材料は、隔壁等で他の場所から区分された専用の保管場に保管設備を設け、食肉類、魚介類、野菜類等、食材の分類ごとに区分して保管すること。
　　この場合、専用の衛生的なふた付き容器に入れ替えるなどにより、原材料の包装の汚染を保管設備に持ち込まないようにするとともに、原材料の相互汚染を防ぐこと。
　　　　　（大量調理施設衛生管理マニュアル　Ⅱ　3　(2)）

→参考：調理場における衛生管理＆調理技術マニュアル　第3章

## 【74】 食品の保存方法

六　食品を保管する必要がある場合には、食肉類、魚介類、野菜類等食品の分類ごとに区分して専用の容器で保管する等により、原材料の相互汚染を防ぎ、衛生的な管理を行うこと。また、

　別紙（※編注）「学校給食用食品の原材料、製品等の保存基準」
　に従い、棚又は冷蔵冷凍設備に保管すること。
七　牛乳については、専用の保冷庫等により適切な温度管理を行
　い、新鮮かつ良好なものが飲用に供されるよう品質の保持に努
　めること。　　　　　　（学校給食衛生管理基準　第3　1　(3)　六・七）


(6)　食品等は、清潔な場所に食品の分類ごとに区分され衛生的
　な状態で保管されていること。

　　　　　　　　　　　　　（学校給食衛生管理基準　第5　1　(6)）

※編注：別紙は以下のとおりです。

別紙

学校給食用食品の原材料、製品等の保存基準

| 食　品　名 | | 保存温度 |
|---|---|---|
| 牛乳 | | 10℃以下 |
| 固形油脂 | | 10℃以下 |
| 種実類 | | 15℃以下 |
| 豆腐 | | 冷　蔵 |
| 魚介類 | 鮮魚介 | 5℃以下 |
| | 魚肉ソーセージ、魚肉ハム及び特殊包装かまぼこ | 10℃以下 |
| | 冷凍魚肉ねり製品 | −15℃以下 |
| 食肉類 | 食肉 | 10℃以下 |
| | 冷凍食肉(細切した食肉を凍結させたもので容器包装に入れたもの) | −15℃以下 |
| | 食肉製品 | 10℃以下 |
| | 冷凍食肉製品 | −15℃以下 |
| 卵類 | 殻付卵 | 10℃以下 |
| | 液卵 | 8℃以下 |
| | 凍結卵 | −15℃以下 |
| 乳製品類 | バター | 10℃以下 |
| | チーズ | 15℃以下 |
| | クリーム | 10℃以下 |
| 生鮮果実・野菜類 | | 10℃前後 |
| 冷凍食品 | | −15℃以下 |

（学校給食衛生管理基準　別紙）

# 28　調理過程

## 【75】　作業区分ごとの衛生管理

> (7)　下処理、調理、配食は、作業区分ごとに衛生的に行われていること。　　　　　　　　（学校給食衛生管理基準　第5　1　(7)）
>
> イ　衛生保持のため、機械器具は、その目的に応じて適切に使用すること。　　　　　　（食品衛生法施行規則　別表17　三　イ）

→参考：食品製造におけるHACCP入門のための手引書［大量調理施設における食品の調理編］（第3版）　第1章
　　　　調理場における衛生管理＆調理技術マニュアル　第4章

## 【76】　下処理の作業区域

> 八　泥つきの根菜類等の処理は、検収室で行い、下処理室を清潔に保つこと。　　　　　　（学校給食衛生管理基準　第3　1　(3)　八）
>
> (3)　下処理は汚染作業区域で確実に行い、非汚染作業区域を汚染しないようにすること。
> 　　　　　　　　　　（大量調理施設衛生管理マニュアル　Ⅱ　3　(3)）

→参考：調理場における衛生管理＆調理技術マニュアル　第2章

## 【77】　調理における注意点

> 一　給食の食品は、原則として、前日調理を行わず、全てその日に学校給食調理場で調理し、生で食用する野菜類、果実類等を除き、加熱処理したものを給食すること。また、加熱処理する

食品については、中心部温度計を用いるなどにより、中心部が75℃で1分間以上（二枚貝等ノロウイルス汚染のおそれのある食品の場合は85℃で1分間以上）又はこれと同等以上の温度まで加熱されていることを確認し、その温度と時間を記録すること。さらに、中心温度計については、定期的に検査を行い、正確な機器を使用すること。

（学校給食衛生管理基準　第3　1　(4)　①　一）

→参考：調理場における衛生管理＆調理技術マニュアル　第4章

## 【78】　加熱調理後冷却する食品の温度管理と記録

三　加熱調理後冷却する必要のある食品については、冷却機等を用いて温度を下げ、調理用冷蔵庫で保管し、食中毒菌等の発育至適温度帯の時間を可能な限り短くすること。また、加熱終了時、冷却開始時及び冷却終了時の温度及び時間を記録すること。

（学校給食衛生管理基準　第3　1　(4)　④　三）

## 【79】　二次汚染を防止するための作業管理

一　献立ごとに調理作業の手順、時間及び担当者を示した調理作業工程表並びに食品の動線を示した作業動線図を作成すること。また、調理作業工程表及び作業動線図を作業前に確認し、作業に当たること。

二　調理場における食品及び調理用の器具及び容器は、床面から60cm以上の高さの置台の上に置くこと。

三　食肉、魚介類及び卵は、専用の容器、調理用の機器及び器具を使用し、他の食品への二次汚染を防止すること。

四　調理作業中の食品並びに調理用の機械、機器、器具及び容器の汚染の防止の徹底を図ること。また、包丁及びまな板類については食品別及び処理別の使い分けの徹底を図ること。

五　下処理後の加熱を行わない食品及び加熱調理後冷却する必要のある食品の保管には、原材料用冷蔵庫は使用しないこと。

六　加熱調理した食品を一時保存する場合又は調理終了後の食品については、衛生的な容器にふたをして保存するなど、衛生的な取扱いを行い、他からの二次汚染を防止すること。

七　調理終了後の食品は、素手でさわらないこと。

八　調理作業時には、ふきんは使用しないこと。

九　エプロン、履物等は、色分けする等により明確に作業区分ごとに使い分けること。また、保管の際は、作業区分ごとに洗浄及び消毒し、翌日までに乾燥させ、区分して保管するなど、衛生管理に配慮すること。

（学校給食衛生管理基準　第3　1　(4)　③　一～九）

(10)　加熱調理後の食品の冷却、非加熱調理食品の下処理後における調理場等での一時保管等は、他からの二次汚染を防止するため、清潔な場所で行うこと。

(11)　調理終了後の食品は衛生的な容器にふたをして保存し、他からの二次汚染を防止すること。

（大量調理施設衛生管理マニュアル　Ⅱ　3　(10)・(11)）

## 【80】　加熱せずに喫食する食品の取扱い

(6)　野菜及び果物を加熱せずに供する場合には、別添2（※編注）に従い、流水（食品製造用水[注1]として用いるもの。以下同じ。）

で十分洗浄し、必要に応じて次亜塩素酸ナトリウム等で殺菌[注2]した後、流水で十分すすぎ洗いを行うこと。特に高齢者、若齢者及び抵抗力の弱い者を対象とした食事を提供する施設で、加熱せずに供する場合（表皮を除去する場合を除く。）には、殺菌を行うこと。

注1：従前の「飲用適の水」に同じ。（「食品、添加物等の規格基準」（昭和34年厚生省告示第370号）の改正により用語のみ読み替えたもの。定義については同告示の「第1　食品　B　食品一般の製造、加工及び調理基準」を参照のこと。）

注2：次亜塩素酸ナトリウム溶液又はこれと同等の効果を有する亜塩素酸水（きのこ類を除く。）、亜塩素酸ナトリウム溶液（生食用野菜に限る。）、過酢酸製剤、次亜塩素酸水並びに食品添加物として使用できる有機酸溶液。これらを使用する場合、食品衛生法で規定する「食品、添加物等の規格基準」を遵守すること。　　　　　　（大量調理施設衛生管理マニュアル　Ⅱ　1　(6)）

※編注：別添2の該当部分は以下のとおりです。

（原材料等の保管管理マニュアル）

1. 野菜・果物[注3]

① 衛生害虫、異物混入、腐敗・異臭等がないか点検する。異常品は返品又は使用禁止とする。

② 各材料ごとに、50g程度ずつ清潔な容器（ビニール袋等）に密封して入れ、−20℃以下で2週間以上保存する。（検食用）

③ 専用の清潔な容器に入れ替えるなどして、10℃前後で保存する。（冷凍野菜は−15℃以下）

④ 流水で3回以上水洗いする。

⑤ 中性洗剤で洗う。

⑥ 流水で十分すすぎ洗いする。

⑦ 必要に応じて、次亜塩素酸ナトリウム等[注4]で殺菌[注5]した後、流

水で十分すすぎ洗いする。

⑧　水切りする。

⑨　専用のまな板、包丁でカットする。

⑩　清潔な容器に入れる。

⑪　清潔なシートで覆い（容器がふた付きの場合を除く）、調理まで30分以上を要する場合には、10℃以下で冷蔵保存する。

　　　注3：表面の汚れが除去され、分割・細切されずに皮付きで提供されるみかん等の果物にあっては、③から⑧までを省略して差し支えない。

　　　注4：次亜塩素酸ナトリウム溶液（200mg/ℓで5分間又は100mg/ℓで10分間）又はこれと同等の効果を有する亜塩素酸水（きのこ類を除く。）、亜塩素酸ナトリウム溶液（生食用野菜に限る。）、過酢酸製剤、次亜塩素酸水並びに食品添加物として使用できる有機酸溶液。これらを使用する場合、食品衛生法で規定する「食品、添加物等の規格基準」を遵守すること。

　　　注5：高齢者、若齢者及び抵抗力の弱い者を対象とした食事を提供する施設で、加熱せずに供する場合（表皮を除去する場合を除く。）には、殺菌を行うこと。

（大量調理施設衛生管理マニュアル　別添2）

## 【81】　放射線照射業

　ル　食品の放射線照射業にあつては、営業日ごとに1回以上化学線量計を用いて吸収線量を確認し、その結果の記録を2年間保存すること。　　　　　　　　（食品衛生法施行規則　別表17　三　ル）

## 【82】　生食する食品の洗浄・消毒

　（8）　生食する野菜類及び果実類等は流水で十分洗浄されている

こと。また、必要に応じて消毒されていること。

（学校給食衛生管理基準　第5　1　(8)）

→参考：調理場における洗浄・消毒マニュアルPartⅠ　第3章
　　　　調理場における衛生管理＆調理技術マニュアル　第2章

## 【83】　揚げ物の調理

① 　油温が設定した温度以上になったことを確認する。

② 　調理を開始した時間を記録する。

③ 　調理の途中で適当な時間を見はからって食品の中心温度を校
正された温度計で3点以上測定し、全ての点において75℃以上
に達していた場合には、それぞれの中心温度を記録するととも
に、その時点からさらに1分以上加熱を続ける（二枚貝等ノロウ
イルス汚染のおそれのある食品の場合は85～90℃で90秒間以
上）。

④ 　最終的な加熱処理時間を記録する。

⑤ 　なお、複数回同一の作業を繰り返す場合には、油温が設定し
た温度以上であることを確認・記録し、①～④で設定した条件
に基づき、加熱処理を行う。油温が設定した温度以上に達して
いない場合には、油温を上昇させるため必要な措置を講ずる。

（大量調理施設衛生管理マニュアル　別添2）

## 【84】　焼き物・蒸し物の調理

① 　調理を開始した時間を記録する。

② 　調理の途中で適当な時間を見はからって食品の中心温度を校
正された温度計で3点以上測定し、全ての点において75℃以上

に達していた場合には、それぞれの中心温度を記録するととも
に、その時点からさらに1分以上加熱を続ける（二枚貝等ノロウ
イルス汚染のおそれのある食品の場合は85〜90℃で90秒間以
上）。
③　最終的な加熱処理時間を記録する。
④　なお、複数回同一の作業を繰り返す場合には、①〜③で設定
した条件に基づき、加熱処理を行う。この場合、中心温度の測
定は、最も熱が通りにくいと考えられる場所の一点のみでもよ
い。
（大量調理施設衛生管理マニュアル　別添2）

## 【85】　煮物・炒め物の調理

　調理の順序は食肉類の加熱を優先すること。食肉類、魚介類、
野菜類の冷凍品を使用する場合には、十分解凍してから調理を行
うこと。
①　調理の途中で適当な時間を見はからって、最も熱が通りにく
い具材を選び、食品の中心温度を校正された温度計で3点以上
（煮物の場合は1点以上）測定し、全ての点において75℃以上に
達していた場合には、それぞれの中心温度を記録するとともに、
その時点からさらに1分以上加熱を続ける（二枚貝等ノロウイル
ス汚染のおそれのある食品の場合は85〜90℃で90秒間以上）。
　なお、中心温度を測定できるような具材がない場合には、調
理釜の中心付近の温度を3点以上（煮物の場合は1点以上）測定
する。
②　複数回同一の作業を繰り返す場合にも、同様に点検・記録を
行う。
（大量調理施設衛生管理マニュアル　別添2）

## 【86】　生野菜の使用

二　野菜類の使用については、二次汚染防止の観点から、原則と
して加熱調理すること。また、教育委員会等において、生野菜
の使用に当たっては、食中毒の発生状況、施設及び設備の状況、
調理過程における二次汚染防止のための措置、学校給食調理員
の研修の実施、管理運営体制の整備等の衛生管理体制の実態、
並びに生野菜の食生活に果たす役割等を踏まえ、安全性を確認
しつつ、加熱調理の有無を判断すること。さらに、生野菜の使
用に当たっては、流水で十分洗浄し、必要に応じて、消毒する
とともに、消毒剤が完全に洗い落とされるまで流水で水洗いす
ること。　　　　　　（学校給食衛生管理基準　第3　1　(4)　①　二）

## 【87】　和えもの・サラダの調理

三　和えもの、サラダ等の料理の混ぜ合わせ、料理の配食及び盛
りつけに際しては、清潔な場所で、清潔な器具を使用し、料理
に直接手を触れないよう調理すること。

四　和えもの、サラダ等については、各食品を調理後速やかに冷
却機等で冷却を行った上で、冷却後の二次汚染に注意し、冷蔵
庫等で保管するなど適切な温度管理を行うこと。また、やむを
得ず水で冷却する場合は、直前に使用水の遊離残留塩素が0.1
mg／L以上であることを確認し、確認した数値及び時間を記録
すること。さらに、和える時間を配食の直前にするなど給食ま
での時間の短縮を図り、調理終了時に温度及び時間を記録する
こと。　　　　　　（学校給食衛生管理基準　第3　1　(4)　①　三・四）

## 【88】　マヨネーズの調理

> 五　マヨネーズは、つくらないこと。
>
> 　　　　　　　　（学校給食衛生管理基準　第3　1　(4)　①　五）

## 【89】　缶詰の取扱い

> 六　缶詰は、缶の状態、内壁塗装の状態等を注意すること。
>
> 　　　　　　　　（学校給食衛生管理基準　第3　1　(4)　①　六）

## 【90】　非加熱調理食品のトッピング

> 六　加熱調理食品にトッピングする非加熱調理食品は、衛生的に
> 　保管し、トッピングする時期は給食までの時間が極力短くなる
> 　ようにすること。　（学校給食衛生管理基準　第3　1　(4)　④　六）

# 29　使用水の安全性

## 【91】　使用水の安全性

> 一　使用水は、学校環境衛生基準（平成21年文部科学省告示第60
> 　号）（※編注1）に定める基準を満たす飲料水を使用すること。
> 　また、毎日、調理開始前に十分流水した後及び調理終了後に遊
> 　離残留塩素が0.1mg／L以上であること並びに外観、臭気、味
> 　等について水質検査を実施し、その結果を記録すること。

二　使用水について使用に不適な場合は、給食を中止し速やかに改善措置を講じること。また、再検査の結果使用した場合は、使用した水1Lを保存食用の冷凍庫に－20℃以下で2週間以上保存すること。　（学校給食衛生管理基準　第3　1　(4)　②　一・二）


イ　食品又は添加物を製造し、加工し、又は調理するときに使用する水は、水道法（昭和32年法律第177号）第3条第2項（※編注2）に規定する水道事業、同条第6項（※編注3）に規定する専用水道若しくは同条第7項（※編注4）に規定する簡易専用水道により供給される水（別表第19第3号へにおいて「水道事業等により供給される水」という。）又は飲用に適する水であること。ただし、冷却その他食品又は添加物の安全性に影響を及ぼさない工程における使用については、この限りではない。

ロ　飲用に適する水を使用する場合にあつては、1年1回以上水質検査を行い、成績書を1年間（取り扱う食品又は添加物が使用され、又は消費されるまでの期間が1年以上の場合は、当該期間）保存すること。ただし、不慮の災害により水源等が汚染されたおそれがある場合にはその都度水質検査を行うこと。

ハ　ロの検査の結果、イの条件を満たさないことが明らかとなつた場合は、直ちに使用を中止すること。

ニ　貯水槽を使用する場合は、貯水槽を定期的に清掃し、清潔に保つこと。

ホ　飲用に適する水を使用する場合で殺菌装置又は浄水装置を設置している場合には、装置が正常に作動しているかを定期的に確認し、その結果を記録すること。

　ヘ　食品に直接触れる氷は、適切に管理された給水設備によって
　　供給されたイの条件を満たす水から作ること。また、氷は衛生
　　的に取り扱い、保存すること。

　ト　使用した水を再利用する場合にあつては、食品又は添加物の
　　安全性に影響しないよう必要な処理を行うこと。

（食品衛生法施行規則　別表17　四　イ～ト）

※編注1：学校環境衛生基準の該当部分は以下のとおりです。

第2　飲料水等の水質及び施設・設備に係る学校環境衛生基準

　1　飲料水等の水質及び施設・設備に係る学校環境衛生基準は、次表の左
　欄に掲げる検査項目ごとに、同表の右欄のとおりとする。

| 検査項目 | | 基　準 |
|---|---|---|
| (1)　水道水を水源とする飲料水（専用水道を除く。）の水質 | | |
| | ア．一般細菌 | 　水質基準に関する省令（平成15年厚生労働省令第101号）の表の下欄に掲げる基準による。 |
| | イ．大腸菌 | |
| | ウ．塩化物イオン | |
| | エ．有機物（全有機炭素（TOC）の量） | |
| | オ．pH値 | |
| | カ．味 | |
| | キ．臭気 | |
| | ク．色度 | |
| | ケ．濁度 | |

（水質）

| | | |
|---|---|---|
| | コ．遊離残留塩素 | 水道法施行規則（昭和32年厚生省令第45号）第17条第1項第3号に規定する遊離残留塩素の基準による。 |
| (2)　専用水道に該当しない井戸水等を水源とする飲料水の水質 | | |
| | ア．専用水道（水道法（昭和32年法律第177号）第3条第6項に規定する「専用水道」をいう。以下同じ。）が実施すべき水質検査の項目 | 水質基準に関する省令の表の下欄に掲げる基準による。 |
| | イ．遊離残留塩素 | 水道法施行規則第17条第1項第3号に規定する遊離残留塩素の基準による。 |
| (3)　専用水道（水道水を水源とする場合を除く。）及び専用水道に該当しない井戸水等を水源とする飲料水の原水の水質 | | |
| | ア．一般細菌 | 水質基準に関する省令の表の下欄に掲げる基準による。 |
| | イ．大腸菌 | |
| | ウ．塩化物イオン | |
| | エ．有機物（全有機炭素（TOC）の量） | |
| | オ．pH値 | |

| | | | |
|---|---|---|---|
| | | カ．味 | |
| | | キ．臭気 | |
| | | ク．色度 | |
| | | ケ．濁度 | |
| | (4) | 雑用水の水質 | |
| | | ア．pH値 | 5.8以上8.6以下であること。 |
| | | イ．臭気 | 異常でないこと。 |
| | | ウ．外観 | ほとんど無色透明であること。 |
| | | エ．大腸菌 | 検出されないこと。 |
| | | オ．遊離残留塩素 | 0.1mg／L（結合残留塩素の場合は0.4mg／L）以上であること。 |
| 施設・設備 | (5) | 飲料水に関する施設・設備 | |
| | | ア．給水源の種類 | 　上水道、簡易水道、専用水道、簡易専用水道及び井戸その他の別を調べる。 |
| | | イ．維持管理状況等 | （ア）　配管、給水栓、給水ポンプ、貯水槽及び浄化設備等の給水施設・設備は、外部からの汚染を受けないように管理されていること。また、機能は適切に維持されていること。<br>（イ）　給水栓は吐水口空間が確保されていること。<br>（ウ）　井戸その他を給水源とする場合は、汚水等が浸透、流入せず、雨水又は異物等が入らないように適切に管理されていること。 |

| | | (エ)　故障、破損、老朽又は漏水等の箇所がないこと。<br>(オ)　塩素消毒設備又は浄化設備を設置している場合は、その機能が適切に維持されていること。 |
| | ウ．貯水槽の清潔状態 | 貯水槽の清掃は、定期的に行われていること。 |
| (6)　雑用水に関する施設・設備 | | (ア)　水管には、雨水等雑用水であることを表示していること。<br>(イ)　水栓を設ける場合は、誤飲防止の構造が維持され、飲用不可である旨表示していること。<br>(ウ)　飲料水による補給を行う場合は、逆流防止の構造が維持されていること。<br>(エ)　貯水槽は、破損等により外部からの汚染を受けず、その内部は清潔であること。<br>(オ)　水管は、漏水等の異常が認められないこと。 |

（学校環境衛生基準　第2　1）

※編注2～4：水道法第3条第2項、第6項、第7項は【61】の編注1～3を参照してください。


# 30　配食・配送・運搬

## 【92】　配食までの温度管理と記録

> 四　配送及び配食に当たっては、必要に応じて保温食缶及び保冷食缶若しくは蓄冷材等を使用し、温度管理を行うこと。

五　調理後の食品は、適切な温度管理を行い、調理後2時間以内に
　　給食できるよう努めること。また、配食の時間を毎日記録する
　　こと。さらに、共同調理場においては、調理場搬出時及び受配
　　校搬入時の時間を毎日記録するとともに、温度を定期的に記録
　　すること。　　　（学校給食衛生管理基準　第3　1　(4)　④　四・五）

一　共同調理場においては、容器、運搬車の設備の整備に努め、
　　運搬途中の塵埃等による調理済食品等の汚染を防止すること。
　　また、調理済食品等が給食されるまでの温度の管理及び時間の
　　短縮に努めること。
　　　　　　　　　　（学校給食衛生管理基準　第3　1　(5)　①　一）

## 【93】　配膳室の衛生

一　配膳室の衛生管理に努めること。
　　　　　　　　　　（学校給食衛生管理基準　第3　1　(5)　②　一）

## 【94】　食品容器の取扱い

二　食品を運搬する場合は、容器にふたをすること。
三　パンの容器、牛乳等の瓶その他の容器等の汚染に注意するこ
　　と。　　　　　　（学校給食衛生管理基準　第3　1　(5)　②　二・三）

## 【95】　運搬に用いる車両・コンテナ等の衛生

イ　食品又は添加物の運搬に用いる車両、コンテナ等は、食品、

　添加物又はこれらの容器包装を汚染しないよう必要に応じて洗
　浄及び消毒をすること。
ロ　車両、コンテナ等は、清潔な状態を維持するとともに、補修
　を行うこと等により適切な状態を維持すること。
ホ　品目が異なる食品又は添加物及び食品又は添加物以外の貨物
　の運搬に使用した車両、コンテナ等を使用する場合は、効果的
　な方法により洗浄し、必要に応じ消毒を行うこと。
ヘ　ばら積みの食品又は添加物にあつては、必要に応じて食品又
　は添加物専用の車両、コンテナ等を使用し、食品又は添加物の
　専用であることを明示すること。
　　　　　（食品衛生法施行規則　別表17　十一　イ・ロ・ホ・ヘ）

## 【96】　運搬容器

ハ　食品又は添加物及び食品又は添加物以外の貨物を混載する場
　合は、食品又は添加物以外の貨物からの汚染を防止するため、
　必要に応じ、食品又は添加物を適切な容器に入れる等区分する
　こと。　　　　　　　　　　（食品衛生法施行規則　別表17　十一　ハ）

## 【97】　運搬時の食品管理

ニ　運搬中の食品又は添加物がじん埃及び排気ガス等に汚染され
　ないよう管理すること。
ト　運搬中の温度及び湿度の管理に注意すること。
チ　運搬中の温度及び湿度を踏まえた配送時間を設定し、所定の
　配送時間を超えないよう適切に管理すること。

リ 調理された食品を配送し、提供する場合にあつては、飲食に
供されるまでの時間を考慮し、適切に管理すること。

（食品衛生法施行規則 別表17 十一 ニ・ト〜リ）

# 31 残食等の取扱い

## 【98】 残食等の取扱い

三 返却された残菜は、非汚染作業区域に持ち込まないこと。

（学校給食衛生管理基準 第3 1 (4) ⑤ 三）

一 パン等残食の児童生徒の持ち帰りは、衛生上の見地から、禁
止することが望ましい。
二 パン、牛乳、おかず等の残品は、全てその日のうちに処分し、
翌日に繰り越して使用しないこと。

（学校給食衛生管理基準 第3 1 (6) ③ 一・二）

イ 返却された残渣は非汚染作業区域に持ち込まないこと。

（大量調理施設衛生管理マニュアル Ⅱ 5 (5) ② イ）

# 32 適切な販売

## 【99】 適切な販売

イ 販売量を見込んで適切な量を仕入れること。
ロ 直接日光にさらす等不適切な温度で販売したりすることのな

いよう管理すること。

（食品衛生法施行規則　別表17　十二　イ・ロ）

# 33　清掃・洗浄・消毒・殺菌

## 【100】　施設設備の清掃・消毒

> イ　施設及びその周辺を定期的に清掃し、施設の稼働中は食品衛
> 生上の危害の発生を防止するよう清潔な状態を維持すること。
> ヘ　排水溝は、固形物の流入を防ぎ、排水が適切に行われるよう
> 清掃し、破損した場合速やかに補修を行うこと。
> ト　便所は常に清潔にし、定期的に清掃及び消毒を行うこと。
>
> 　　　　　　　（食品衛生法施行規則　別表17　二　イ・ヘ・ト）
>
>
> ト　施設設備の清掃用機材は、目的に応じて適切に使用するとと
> もに、使用の都度洗浄し、乾燥させ、所定の場所に保管するこ
> と。
> ヌ　都道府県等の確認を受けて手洗設備及び洗浄設備を兼用する
> 場合にあつては、汚染の都度洗浄を行うこと。
>
> 　　　　　　　　（食品衛生法施行規則　別表17　三　ト・ヌ）

→参考：調理場における洗浄・消毒マニュアルPart I　第3章
　　　　調理場における洗浄・消毒マニュアルPart II　第2章・第5章

## 【101】　調理機械の洗浄・殺菌方法

> ①　機械本体・部品を分解する。なお、分解した部品は床にじか
> 置きしないようにする。

② 食品製造用水（40℃程度の微温水が望ましい。）で3回水洗いする。

③ スポンジタワシに中性洗剤又は弱アルカリ性洗剤をつけてよく洗浄する。

④ 食品製造用水（40℃程度の微温水が望ましい。）でよく洗剤を洗い流す。

⑤ 部品は80℃で5分間以上の加熱又はこれと同等の効果を有する方法[注1]で殺菌を行う。

⑥ よく乾燥させる。

⑦ 機械本体・部品を組み立てる。

⑧ 作業開始前に70%アルコール噴霧又はこれと同等の効果を有する方法で殺菌を行う。

注1：塩素系消毒剤（次亜塩素酸ナトリウム、亜塩素酸水、次亜塩素酸水等）やエタノール系消毒剤には、ノロウイルスに対する不活化効果を期待できるものがある。使用する場合、濃度・方法等、製品の指示を守って使用すること。浸漬により使用することが望ましいが、浸漬が困難な場合にあっては、不織布等に十分浸み込ませて清拭すること。
（参考文献）「平成27年度ノロウイルスの不活化条件に関する調査報告書」(https://www.mhlw.go.jp/file/06-Seisakujouhou-11130500-Shokuhinanzenbu/0000125854.pdf,（2021.9.21)）
（大量調理施設衛生管理マニュアル　別添2)

ロ　機械器具及びその部品は、金属片、異物又は化学物質等の食品又は添加物への混入を防止するため、洗浄及び消毒を行い、所定の場所に衛生的に保管すること。また、故障又は破損があ

るときは、速やかに補修し、適切に使用できるよう整備してお
くこと。

ハ　機械器具及びその部品の洗浄に洗剤を使用する場合は、洗剤
を適切な方法により使用すること。

（食品衛生法施行規則　別表17　三　ロ・ハ）

→参考：調理場における洗浄・消毒マニュアルPartⅠ　第3章
　　　　調理場における洗浄・消毒マニュアルPartⅡ　第5章

## 【102】　調理台の洗浄・殺菌方法

① 調理台周辺の片づけを行う。

② 食品製造用水（40℃程度の微温水が望ましい。）で3回水洗い
する。

③ スポンジタワシに中性洗剤又は弱アルカリ性洗剤をつけてよ
く洗浄する。

④ 食品製造用水（40℃程度の微温水が望ましい。）でよく洗剤を
洗い流す。

⑤ よく乾燥させる。

⑥ 70％アルコール噴霧又はこれと同等の効果を有する方法[注1]で
殺菌を行う。

⑦ 作業開始前に⑥と同様の方法で殺菌を行う。

注1：塩素系消毒剤（次亜塩素酸ナトリウム、亜塩素酸水、次亜塩素
酸水等）やエタノール系消毒剤には、ノロウイルスに対する不
活化効果を期待できるものがある。使用する場合、濃度・方法
等、製品の指示を守って使用すること。浸漬により使用する
ことが望ましいが、浸漬が困難な場合にあっては、不織布等に
十分浸み込ませて清拭すること。

> （参考文献）「平成27年度ノロウイルスの不活化条件に関する
> 調査報告書」(https://www.mhlw.go.jp/file/06-Seisakujouhou
> -11130500-Shokuhinanzenbu/0000125854.pdf,（2021.9.21)）
> 　　　　　　　　　　　（大量調理施設衛生管理マニュアル　別添2）

→参考：調理場における洗浄・消毒マニュアルPartⅠ　第3章

## 【103】　まな板、包丁、へら等の洗浄・殺菌方法

> ①　食品製造用水（40℃程度の微温水が望ましい。）で3回水洗い
> する。
> ②　スポンジタワシに中性洗剤又は弱アルカリ性洗剤をつけてよ
> く洗浄する。
> ③　食品製造用水（40℃程度の微温水が望ましい。）でよく洗剤を
> 洗い流す。
> ④　80℃で5分間以上の加熱又はこれと同等の効果を有する方
> 法注2で殺菌を行う。
> ⑤　よく乾燥させる。
> ⑥　清潔な保管庫にて保管する。
> 　注2：大型のまな板やざる等、十分な洗浄が困難な器具については、
> 　　　　亜塩素酸水又は次亜塩素酸ナトリウム等の塩素系消毒剤に浸
> 　　　　漬するなどして消毒を行うこと。
> 　　　　　　　　　　　（大量調理施設衛生管理マニュアル　別添2）

→参考：調理場における洗浄・消毒マニュアルPartⅠ　第3章

## 【104】　ふきん、タオル等の洗浄・殺菌方法

> ①　食品製造用水（40℃程度の微温水が望ましい。）で3回水洗い
> する。

②　中性洗剤又は弱アルカリ性洗剤をつけてよく洗浄する。

③　食品製造用水（40℃程度の微温水が望ましい。）でよく洗剤を洗い流す。

④　100℃で5分間以上煮沸殺菌を行う。

⑤　清潔な場所で乾燥、保管する。

（大量調理施設衛生管理マニュアル　別添2）

→参考：調理場における洗浄・消毒マニュアルPart I　第3章

## 【105】　食器具、容器、調理用器具等の洗浄・保管

(2)　食器具、容器及び調理用器具は、使用後、でん粉及び脂肪等が残留しないよう、確実に洗浄するとともに、損傷がないように確認し、熱風保管庫等により適切に保管されていること。また、フードカッター、ミキサー等調理用の機械及び機器は、使用後に分解して洗浄及び消毒した後、乾燥されていること。

（学校給食衛生管理基準　第5　1　(2)）

ホ　器具、清掃用機材及び保護具等食品又は添加物と接触するおそれのあるものは、汚染又は作業終了の都度熱湯、蒸気又は消毒剤等で消毒し、乾燥させること。

（食品衛生法施行規則　別表17　三　ホ）

→参考：調理場における洗浄・消毒マニュアルPart I　第3章
　　　　調理場における洗浄・消毒マニュアルPart II　第1章・第5章

## 34　廃棄物

### 【106】　取扱手順書の作成

> イ　廃棄物の保管及びその廃棄の方法について、手順を定めること。
>
> （食品衛生法施行規則　別表17　六　イ）

### 【107】　廃棄物の容器

> ロ　廃棄物の容器は、他の容器と明確に区別できるようにし、汚液又は汚臭が漏れないように清潔にしておくこと。
>
> （食品衛生法施行規則　別表17　六　ロ）

### 【108】　廃棄物の保管場所

> ハ　廃棄物は、食品衛生上の危害の発生を防止することができると認められる場合を除き、食品又は添加物を取り扱い、又は保存する区域（隣接する区域を含む。）に保管しないこと。
> ニ　廃棄物の保管場所は、周囲の環境に悪影響を及ぼさないよう適切に管理を行うことができる場所とすること。
>
> （食品衛生法施行規則　別表17　六　ハ・ニ）

### 【109】　廃棄物の取扱い

> ホ　廃棄物及び排水の処理を適切に行うこと。
>
> （食品衛生法施行規則　別表17　六　ホ）

## 【110】 廃棄物の管理

二 廃棄物は、汚臭、汚液がもれないように管理すること。また、廃棄物のための容器は、作業終了後速やかに清掃し、衛生上支障がないように保持すること。

四 廃棄物は、作業区域内に放置しないこと。

（学校給食衛生管理基準 第3 1 （4） ⑤ 二・四）

ア 廃棄物容器は、汚臭、汚液がもれないように管理するとともに、作業終了後は速やかに清掃し、衛生上支障のないように保持すること。

ウ 廃棄物は、適宜集積場に搬出し、作業場に放置しないこと。

（大量調理施設衛生管理マニュアル Ⅱ 5 （5） ② ア・ウ）

## 【111】 廃棄物の処理

一 廃棄物は、分別し、衛生的に処理すること。

（学校給食衛生管理基準 第3 1 （4） ⑤ 一）

（10） 調理に伴う廃棄物は、分別し、衛生的に処理されていること。

（学校給食衛生管理基準 第5 1 （10））

## 【112】 廃棄物保管場所の衛生

五 廃棄物の保管場所は、廃棄物の搬出後清掃するなど、環境に悪影響を及ぼさないよう管理すること。

（学校給食衛生管理基準 第3 1 （4） ⑤ 五）

　エ　廃棄物集積場は、廃棄物の搬出後清掃するなど、周囲の環境
　　に悪影響を及ぼさないよう管理すること。

（大量調理施設衛生管理マニュアル　Ⅱ　5　(5)　②　エ）

# 35　製品の回収・廃棄

## 【113】　製品の回収・廃棄

　イ　営業者は、製品に起因する食品衛生上の危害又は危害のおそ
　　れが発生した場合は、消費者への健康被害を未然に防止する観
　　点から、当該食品又は添加物を迅速かつ適切に回収できるよう、
　　回収に係る責任体制、消費者への注意喚起の方法、具体的な回
　　収の方法及び当該食品又は添加物を取り扱う施設の所在する地
　　域を管轄する都道府県知事等への報告の手順を定めておくこ
　　と。
　ロ　製品を回収する場合にあつては、回収の対象ではない製品と
　　区分して回収したものを保管し、適切に廃棄等をすること。

（食品衛生法施行規則　別表17　十　イ・ロ）

# 第 4 章

人に関する衛生管理
・衛生管理体制

112

# 36　児童・生徒

## 【114】　児童・生徒における給食の衛生管理

四　はし等を児童生徒の家庭から持参させる場合は、不衛生にならないよう指導すること。

五　給食当番等配食を行う児童生徒及び教職員については、毎日、下痢、発熱、腹痛等の有無その他の健康状態及び衛生的な服装であることを確認すること。また、配食前、用便後の手洗いを励行させ、清潔な手指で食器及び食品を扱うようにすること。

(学校給食衛生管理基準　第3　1　(5)　②　四・五)

五　児童生徒の栄養指導及び盛りつけの目安とする展示食を保存食と兼用しないこと。

(学校給食衛生管理基準　第3　1　(6)　②　五)

一　パン等残食の児童生徒の持ち帰りは、衛生上の見地から、禁止することが望ましい。

(学校給食衛生管理基準　第3　1　(6)　③　一)

# 37　食品等取扱者

## 【115】　食品等取扱者の衛生管理

イ　食品又は添加物を取り扱う者（以下「食品等取扱者」という。）の健康診断は、食品衛生上の危害の発生の防止に必要な健康状

態の把握を目的として行うこと。

ロ　都道府県知事等から食品等取扱者について検便を受けるべき旨の指示があつたときには、食品等取扱者に検便を受けるよう指示すること。

ハ　食品等取扱者が次の症状を呈している場合は、その症状の詳細の把握に努め、当該症状が医師による診察及び食品又は添加物を取り扱う作業の中止を必要とするものか判断すること。

(1)　黄疸（だん）

(2)　下痢

(3)　腹痛

(4)　発熱

(5)　皮膚の化膿（のう）性疾患等

(6)　耳、目又は鼻からの分泌（感染性の疾患等に感染するおそれがあるものに限る。）

(7)　吐き気及びおう吐

ニ　皮膚に外傷がある者を従事させる際には、当該部位を耐水性のある被覆材で覆うこと。また、おう吐物等により汚染された可能性のある食品又は添加物は廃棄すること。施設においておう吐した場合には、直ちに殺菌剤を用いて適切に消毒すること。

ホ　食品等取扱者は、食品又は添加物を取り扱う作業に従事するときは、目的に応じた専用の作業着を着用し、並びに必要に応じて帽子及びマスクを着用すること。また、作業場内では専用の履物を用いるとともに、作業場内で使用する履物を着用したまま所定の場所から出ないこと。

ヘ　食品等取扱者は、手洗いの妨げとなる及び異物混入の原因となるおそれのある装飾品等を食品等を取り扱う施設内に持ち込まないこと。

ト　食品等取扱者は、手袋を使用する場合は、原材料等に直接接触する部分が耐水性のある素材のものを原則として使用すること。

チ　食品等取扱者は、爪を短く切るとともに手洗いを実施し、食品衛生上の危害を発生させないよう手指を清潔にすること。

リ　食品等取扱者は、用便又は生鮮の原材料若しくは加熱前の原材料を取り扱う作業を終えたときは、十分に手指の洗浄及び消毒を行うこと。なお、使い捨て手袋を使用して生鮮の原材料又は加熱前の原材料を取り扱う場合にあつては、作業後に手袋を交換すること。

ヌ　食品等取扱者は、食品又は添加物の取扱いに当たつて、食品衛生上の危害の発生を防止する観点から、食品又は添加物を取り扱う間は次の事項を行わないこと。

(1)　手指又は器具若しくは容器包装を不必要に汚染させるようなこと。

(2)　痰又は唾を吐くこと。

(3)　くしやみ又は咳の飛沫を食品又は添加物に混入し、又はそのおそれを生じさせること。

ル　食品等取扱者は所定の場所以外での着替え、喫煙及び飲食を行わないこと。

ヲ　食品等取扱者以外の者が施設に立ち入る場合は、清潔な専用の作業着に着替えさせ、本項で示した食品等取扱者の衛生管理の規定に従わせること。

（食品衛生法施行規則　別表17　七　イ〜ヲ）

→参考：食品製造におけるHACCP入門のための手引書［大量調理施設における食品の調理編］（第3版）　第2章　4

## 38　衛生管理責任者

### 【116】　衛生管理責任者の職務

一　学校給食調理場においては、栄養教諭等を衛生管理責任者と
して定めること。ただし、栄養教諭等が現にいない場合は、調
理師資格を有する学校給食調理員等を衛生管理責任者として定
めること。

二　衛生管理責任者は、施設及び設備の衛生、食品の衛生及び学
校給食調理員の衛生の日常管理等に当たること。また、調理過
程における下処理、調理、配送等の作業工程を分析し、各工程
において清潔かつ迅速に加熱及び冷却調理が適切に行われてい
るかを確認し、その結果を記録すること。

（学校給食衛生管理基準　第4　1　(1)　一・二）

→参考：学校給食調理従事者研修マニュアル　第2章・第3章

## 39　衛生管理者

### 【117】　衛生管理者の指名

(1)　調理施設の経営者又は学校長等施設の運営管理責任者（以
下「責任者」という。）は、施設の衛生管理に関する責任者（以
下「衛生管理者」という。）を指名すること。

なお、共同調理施設等で調理された食品を受け入れ、提供す
る施設においても、衛生管理者を指名すること。

（大量調理施設衛生管理マニュアル　Ⅲ　1　(1)）

## 【118】　衛生管理者の職務

②　調理従事者等は、毎日作業開始前に、自らの健康状態を衛生管理者に報告し、衛生管理者はその結果を記録すること。

（大量調理施設衛生管理マニュアル　Ⅱ　5　(4)　②）

(3)　責任者は、衛生管理者に別紙（※編注）点検表に基づく点検作業を行わせるとともに、そのつど点検結果を報告させ、適切に点検が行われたことを確認すること。点検結果については、1年間保管すること。

(4)　責任者は、点検の結果、衛生管理者から改善不能な異常の発生の報告を受けた場合、食材の返品、メニューの一部削除、調理済み食品の回収等必要な措置を講ずること。

(6)　責任者は、衛生管理者及び調理従事者等に対して衛生管理及び食中毒防止に関する研修に参加させるなど必要な知識・技術の周知徹底を図ること。

(8)　責任者は、衛生管理者に毎日作業開始前に、各調理従事者等の健康状態を確認させ、その結果を記録させること。

（大量調理施設衛生管理マニュアル　Ⅲ　1　(3)・(4)・(6)・(8)）

(15)　献立ごとの調理工程表の作成に当たっては、次の事項に留意すること。

ア　調理従事者等の汚染作業区域から非汚染作業区域への移動を極力行わないようにすること。

イ　調理従事者等の一日ごとの作業の分業化を図ることが望ま

　　しいこと。

ウ　調理終了後速やかに喫食されるよう工夫すること。

　　また、衛生管理者は調理工程表に基づき、調理従事者等と作業分担等について事前に十分な打合せを行うこと。

（大量調理施設衛生管理マニュアル　Ⅲ　1　(15)）

※編注：別紙は以下のとおりです。

（別紙）

**調理施設の点検表**　　　　　　　　　　　　平成　　年　　月　　日

| 責任者 | 衛生管理者 |
|---|---|
|  |  |

1. 毎日点検

| | 点 検 項 目 | 点検結果 |
|---|---|---|
| 1 | 施設へのねずみや昆虫の侵入を防止するための設備に不備はありませんか。 | |
| 2 | 施設の清掃は、全ての食品が調理場内から完全に搬出された後、適切に実施されましたか。（床面、内壁のうち床面から1m以内の部分及び手指の触れる場所） | |
| 3 | 施設に部外者が入ったり、調理作業に不必要な物品が置かれていたりしませんか。 | |
| 4 | 施設は十分な換気が行われ、高温多湿が避けられていますか。 | |
| 5 | 手洗い設備の石けん、爪ブラシ、ペーパータオル、殺菌液は適切ですか。 | |

2. 1カ月ごとの点検

| | | |
|---|---|---|
| 1 | 巡回点検の結果、ねずみや昆虫の発生はありませんか。 | |
| 2 | ねずみや昆虫の駆除は半年以内に実施され、その記録が1年以上保存されていますか。 | |
| 3 | 汚染作業区域と非汚染作業区域が明確に区別されていますか。 | |
| 4 | 各作業区域の入り口手前に手洗い設備、履き物の消毒設備（履き物の交換が困難な場合に限る。）が設置されていますか。 | |
| 5 | シンクは用途別に相互汚染しないように設置されていますか。加熱調理用食材、非加熱調理用食材、器具の洗浄等を行うシンクは別に設置されていますか。 | |
| 6 | シンク等の排水口は排水が飛散しない構造になっていますか。 | |
| 7 | 全ての移動性の器具、容器等を衛生的に保管するための設備が設けられていますか。 | |
| 8 | 便所には、専用の手洗い設備、専用の履き物が備えられていますか。 | |
| 9 | 施設の清掃は、全ての食品が調理場内から完全に排出された後、適切に実施されましたか。（天井、内壁のうち床面から1m以上の部分） | |

3. 3ヵ月ごとの点検

| | | |
|---|---|---|
| 1 | 施設は隔壁等により、不潔な場所から完全に区別されていますか。 | |
| 2 | 施設の床面は排水が容易に行える構造になっていますか。 | |
| 3 | 便所、休憩室及び更衣室は、隔壁により食品を取り扱う場所と区分されていますか。 | |

〈改善を行った点〉



〈計画的に改善すべき点〉

## 従事者等の衛生管理点検表

平成　年　月　日

| 責任者 | 衛生管理者 |
|---|---|
|  |  |

| 氏　名 | 下痢 | 嘔吐 | 発熱等 | 化膿創 | 服装 | 帽子 | 毛髪 | 履物 | 爪 | 指輪等 | 手洗い |
|---|---|---|---|---|---|---|---|---|---|---|---|
|  |  |  |  |  |  |  |  |  |  |  |  |
|  |  |  |  |  |  |  |  |  |  |  |  |
|  |  |  |  |  |  |  |  |  |  |  |  |
|  |  |  |  |  |  |  |  |  |  |  |  |
|  |  |  |  |  |  |  |  |  |  |  |  |

| | 点 検 項 目 | 点検結果 |
|---|---|---|
| 1 | 健康診断、検便検査の結果に異常はありませんか。 |  |
| 2 | 下痢、嘔吐、発熱などの症状はありませんか。 |  |
| 3 | 手指や顔面に化膿創がありませんか。 |  |
| 4 | 着用する外衣、帽子は毎日専用で清潔のものに交換されていますか。 |  |
| 5 | 毛髪が帽子から出ていませんか。 |  |
| 6 | 作業場専用の履物を使っていますか。 |  |
| 7 | 爪は短く切っていますか。 |  |
| 8 | 指輪やマニキュアをしていませんか。 |  |
| 9 | 手洗いを適切な時期に適切な方法で行っていますか。 |  |
| 10 | 下処理から調理場への移動の際には外衣、履き物の交換（履き物の交換が困難な場合には、履物の消毒）が行われていますか。 |  |
| 11 | 便所には、調理作業時に着用する外衣、帽子、履き物のまま入らないようにしていますか。 |  |

| 12 | 調理、点検に従事しない者が、やむを得ず、調理施設に立ち入る場合には、専用の清潔な帽子、外衣及び履き物を着用させ、手洗い及び手指の消毒を行わせましたか。 | 立ち入った者 | 点検結果 |
|---|---|---|---|
|  |  |  |  |
|  |  |  |  |

〈改善を行った点〉

〈計画的に改善すべき点〉

## 原材料の取扱い等点検表

平成　年　月　日

| 責任者 | 衛生管理者 |
|---|---|
|  |  |

① 原材料の取扱い（毎日点検）

| | 点 検 項 目 | 点検結果 |
|---|---|---|
| 1 | 原材料の納入に際しては調理従事者等が立ち会いましたか。 |  |
|  | 検収場で原材料の品質、鮮度、品温、異物の混入等について点検を行いましたか。 |  |
| 2 | 原材料の納入に際し、生鮮食品については、1回で使い切る量を調理当日に仕入れましたか。 |  |
| 3 | 原材料は分類ごとに区分して、原材料専用の保管場に保管設備を設け、適切な温度で保管されていますか。 |  |
|  | 原材料の搬入時の時刻及び温度の記録がされていますか。 |  |
| 4 | 原材料の包装の汚染を保管設備に持ち込まないようにしていますか。 |  |
|  | 保管設備内での原材料の相互汚染が防がれていますか。 |  |
| 5 | 原材料を配送用包装のまま非汚染作業区域に持ち込んでいませんか。 |  |

② 原材料の取扱い（月1回点検）

| 点 検 項 目 | 点検結果 |
|---|---|
| 原材料について納入業者が定期的に実施する検査結果の提出が最近1か月以内にありましたか。 |  |
| 検査結果は1年間保管されていますか。 |  |

③ 検食の保存

| 点 検 項 目 | 点検結果 |
|---|---|
| 検食は、原材料（購入した状態のもの）及び調理済み食品を食品ごとに50g程度ずつ清潔な容器に密封して入れ、－20℃以下で2週間以上保存されていますか。 |  |

〈改善を行った点〉



〈計画的に改善すべき点〉

## 検収の記録簿

平成 年 月 日

| 責任者 | 衛生管理者 |
|---|---|
|  |  |

| 納品の 時 刻 | 納入業者名 | 品目名 | 生産地 | 期限 表示 | 数量 | 鮮度 | 包装 | 品温 | 異物 |
|---|---|---|---|---|---|---|---|---|---|
| : |  |  |  |  |  |  |  |  |  |
| : |  |  |  |  |  |  |  |  |  |
| : |  |  |  |  |  |  |  |  |  |
| : |  |  |  |  |  |  |  |  |  |
| : |  |  |  |  |  |  |  |  |  |
| : |  |  |  |  |  |  |  |  |  |
| : |  |  |  |  |  |  |  |  |  |
| : |  |  |  |  |  |  |  |  |  |
| : |  |  |  |  |  |  |  |  |  |
| : |  |  |  |  |  |  |  |  |  |
| : |  |  |  |  |  |  |  |  |  |

〈進言事項〉

## 調理器具等及び使用水の点検表

平成　年　月　日

| 責任者 | 衛生管理者 |
|---|---|
|  |  |

① 調理器具、容器等の点検表

| | 点　検　項　目 | 点検結果 |
|---|---|---|
| 1 | 包丁、まな板等の調理器具は用途別及び食品別に用意し、混同しないように使用されていますか。 | |
| 2 | 調理器具、容器等は作業動線を考慮し、予め適切な場所に適切な数が配置されていますか。 | |
| 3 | 調理器具、容器等は使用後(必要に応じて使用中)に洗浄・殺菌し、乾燥されていますか。 | |
| 4 | 調理場内における器具、容器等の洗浄・殺菌は、全ての食品が調理場から搬出された後、行っていますか。(使用中等やむをえない場合は、洗浄水等が飛散しないように行うこと。) | |
| 5 | 調理機械は、最低1日1回以上、分解して洗浄・消毒し、乾燥されていますか。 | |
| 6 | 全ての調理器具、容器等は衛生的に保管されていますか。 | |

② 使用水の点検表

| 採取場所 | 採取時期 | 色 | 濁り | 臭い | 異物 | 残留塩素濃度 |
|---|---|---|---|---|---|---|
| | | | | | | mg／ℓ |
| | | | | | | mg／ℓ |
| | | | | | | mg／ℓ |
| | | | | | | mg／ℓ |

③ 井戸水、貯水槽の点検表(月1回点検)

| | 点　検　項　目 | 点検結果 |
|---|---|---|
| 1 | 水道事業により供給される水以外の井戸水等の水を使用している場合には、半年以内に水質検査が実施されていますか。 | |
| | 検査結果は1年間保管されていますか。 | |
| 2 | 貯水槽は清潔を保持するため、1年以内に清掃が実施されていますか。 | |
| | 清掃した証明書は1年間保管されていますか。 | |

〈改善を行った点〉

〈計画的に改善すべき点〉

## 調理等における点検表

平成　　年　　月　　日

| 責任者 | 衛生管理者 |
|---|---|
| | |

① 下処理・調理中の取扱い

| | 点 検 項 目 | 点検結果 |
|---|---|---|
| 1 | 非汚染作業染区域内に汚染を持ち込まないよう、下処理を確実に実施していますか。 | |
| 2 | 冷凍又は冷凍設備から出した原材料は速やかに下処理、調理に移行させていますか。非加熱で供される食品は下処理後速やかに調理に移行していますか。 | |
| 3 | 野菜及び果物を加熱せずに供する場合には、適切な洗浄（必要に応じて殺菌）を実施していますか。 | |
| 4 | 加熱調理食品は中心部が十分（75℃で1分間以上（二枚貝等ノロウイルス汚染のおそれのある食品の場合は85～90℃で90秒間以上）等）加熱されていますか。 | |
| 5 | 食品及び移動性の調理器具並びに容器の取扱いは床面から60cm以上の場所で行われていますか。（ただし、跳ね水等からの直接汚染が防止できる食缶等で食品を取り扱う場合には、30cm以上の台にのせて行うこと。） | |
| 6 | 加熱調理後の食品の冷却、非加熱調理食品の下処理後における調理場等での一時保管等は清潔な場所で行われていますか。 | |
| 7 | 加熱調理食品にトッピングする非加熱調理食品は、直接喫食する非加熱調理食品と同様の衛生管理を行い、トッピングする時期は提供までの時間が極力短くなるようにしていますか。 | |

② 調理後の取扱い

| | 点 検 項 目 | 点検結果 |
|---|---|---|
| 1 | 加熱調理後、食品を冷却する場合には、速やかに中心温度を下げる工夫がされていますか。 | |
| 2 | 調理後の食品は、他からの二次汚染を防止するため、衛生的な容器にふたをして保存していますか。 | |
| 3 | 調理後の食品が適切に温度管理（冷却過程の温度管理を含む。）を行い、必要な時刻及び温度が記録されていますか. | |
| 4 | 配送過程があるものは保冷又は保温設備のある運搬車を用いるなどにより、適切な温度管理を行い、必要な時間及び温度等が記録されていますか。 | |
| 5 | 調理後の食品は2時間以内に喫食されていますか。 | |

③ 廃棄物の取扱い

| | 点 検 項 目 | 点検結果 |
|---|---|---|
| 1 | 廃棄物容器は、汚臭、汚液がもれないように管理するとともに、作業終了後は速やかに清掃し、衛生上支障のないように保持されていますか。 | |
| 2 | 返却された残渣は、非汚染作業区域に持ち込まれていませんか。 | |
| 3 | 廃棄物は、適宜集積場に搬出し、作業場に放置されていませんか。 | |
| 4 | 廃棄物集積場は、廃棄物の搬出後清掃するなど、周囲の環境に悪影響を及ばさないよう管理されていますか。 | |

〈改善を行った点〉

〈計画的に改善すべき点〉

## 食品保管時の記録簿

平成　　年　　月　　日

| 責任者 | 衛生管理者 |
|---|---|
|  |  |

① 原材料保管時

| 品目名 | 搬入時刻 | 搬入時設備内<br>(室内)温度 | 品目名 | 搬入時刻 | 搬入時設備内<br>(室内)温度 |
|---|---|---|---|---|---|
|  |  |  |  |  |  |
|  |  |  |  |  |  |
|  |  |  |  |  |  |

② 調理終了後30分以内に提供される食品

| 品目名 | 調理終了時刻 | 品目名 | 調理終了時刻 |
|---|---|---|---|
|  |  |  |  |
|  |  |  |  |

③ 調理終了後30分以上に提供される食品

　ア　温かい状態で提供される食品

| 品目名 | 食缶等への移し替え時刻 |
|---|---|
|  |  |
|  |  |

イ　加熱後冷却する食品

| 品目名 | 冷却開<br>始時刻 | 冷却終<br>了時刻 | 保冷設備へ<br>の搬入時刻 | 保冷設備<br>内温度 | 保冷設備から<br>の搬出時刻 |
|---|---|---|---|---|---|
|  |  |  |  |  |  |
|  |  |  |  |  |  |

ウ　その他の食品

| 品目名 | 保冷設備への<br>搬入時刻 | 保冷設備内温度 | 保冷設備から<br>の搬出時刻 |
|---|---|---|---|
|  |  |  |  |
|  |  |  |  |

〈進言事項〉

## 食品の加熱加工の記録簿

平成　　年　　月　　日

| 責任者 | 衛生管理者 |
|---|---|
|  |  |

| 品目名 | | No.1 | | | No.2（No.1 で設定した条件に基づき実施） | |
|---|---|---|---|---|---|---|
| （揚げ物） | ①油温 | | | ℃ | 油温 | ℃ |
| | ②調理開始時刻 | | ： | | No.3（No.1 で設定した条件に基づき実施） | |
| | ③確認時の中心温度 | サンプル A | | ℃ | 油温 | ℃ |
| | | B | | ℃ | No.4（No.1 で設定した条件に基づき実施） | |
| | | C | | ℃ | 油温 | ℃ |
| | ④③確認後の加熱時間 | | | | No.5（No.1 で設定した条件に基づき実施） | |
| | ⑤全加熱処理時間 | | | | 油温 | ℃ |

| 品目名 | | No.1 | | | No.2（No.1 で設定した条件に基づき実施） | |
|---|---|---|---|---|---|---|
| （焼き物、蒸し物） | ①調理開始時刻 | | ： | | 確認時の中心温度 | ℃ |
| | ②確認時の中心温度 | サンプル A | | ℃ | No.3（No.1 で設定した条件に基づき実施） | |
| | | B | | ℃ | 確認時の中心温度 | ℃ |
| | | C | | ℃ | No.4（No.1 で設定した条件に基づき実施） | |
| | ③②確認後の加熱時間 | | | | 確認時の中心温度 | ℃ |
| | ④全加熱処理時間 | | | | | |

| 品目名 | | No.1 | | | No.2 | | |
|---|---|---|---|---|---|---|---|
| （煮物） | ①確認時の中心温度 | サンプル | ℃ | | ①確認時の中心温度 | サンプル | ℃ |
| | ②①確認後の加熱時間 | | | | ②①確認後の加熱時間 | | |
| （炒め物） | ①確認時の中心温度 | サンプル A | ℃ | | ①確認時の中心温度 | サンプル A | ℃ |
| | | B | ℃ | | | B | ℃ |
| | | C | ℃ | | | C | ℃ |
| | ②①確認後の加熱時間 | | | | ②①確認後の加熱時間 | | |

〈改善を行った点〉



〈計画的に改善すべき点〉

## 配送先記録簿

平成　年　月　日

| 責任者 | 記録者 |
|---|---|
|  |  |

| 出発時刻 |  |
|---|---|

→

| 帰り時刻 |  |
|---|---|

保冷設備への搬入時刻（　　　：　　　）

保冷設備内温度　　（　　　　　　）

| 配送先 | 配送先所在地 | 品目名 | 数量 | 配送時刻 |
|---|---|---|---|---|
|  |  |  |  | ： |
|  |  |  |  | ： |
|  |  |  |  | ： |
|  |  |  |  | ： |
|  |  |  |  | ： |
|  |  |  |  | ： |
|  |  |  |  | ： |
|  |  |  |  | ： |
|  |  |  |  | ： |
|  |  |  |  | ： |

〈進言事項〉

（大量調理施設衛生管理マニュアル　別紙）

# 40　食品衛生責任者

## 【119】　食品衛生責任者の設置

> イ　法第51条第1項（※編注1）に規定する営業を行う者（法第68
> 条第3項（※編注2）において準用する場合を含む。以下この表
> において「営業者」という。）は、食品衛生責任者を定めること。
> ただし、第66条の2第4項各号（※編注3）に規定する営業者につ
> いてはこの限りではない。なお、法第48条（※編注4）に規定す
> る食品衛生管理者は、食品衛生責任者を兼ねることができる。
>
> 　　　　　　　　　　　（食品衛生法施行規則　別表17　一　イ）

※編注1：法第51条第1項は以下のとおりです。

> 第51条　厚生労働大臣は、営業（器具又は容器包装を製造する営業及
> び食鳥処理の事業の規制及び食鳥検査に関する法律第2条第5号に規
> 定する食鳥処理の事業（第54条及び第57条第1項において「食鳥処理
> の事業」という。）を除く。）の施設の衛生的な管理その他公衆衛生
> 上必要な措置（以下この条において「公衆衛生上必要な措置」とい
> う。）について、厚生労働省令で、次に掲げる事項に関する基準を定
> めるものとする。
> 一　施設の内外の清潔保持、ねずみ及び昆虫の駆除その他一般的な
> 　衛生管理に関すること。
> 二　食品衛生上の危害の発生を防止するために特に重要な工程を管
> 　理するための取組（小規模な営業者（器具又は容器包装を製造す
> 　る営業者及び食鳥処理の事業の規制及び食鳥検査に関する法律第
> 　6条第1項に規定する食鳥処理業者を除く。次項において同じ。）
> 　その他の政令で定める営業者にあつては、その取り扱う食品の特
> 　性に応じた取組）に関すること。　　　（食品衛生法　51条　1項）

※編注2：法第68条第3項は以下のとおりです。

③　第15条から第18条まで、第25条第1項、第28条から第30条まで、第51条、第54条、第57条及び第59条から第61条までの規定は、営業以外の場合で学校、病院その他の施設において継続的に不特定又は多数の者に食品を供与する場合に、これを準用する。

（食品衛生法　68条　3項）

※編注3：第66条の2第4項各号は以下のとおりです。

一　食品又は添加物の輸入をする営業を行う者
二　食品又は添加物の貯蔵のみをし、又は運搬のみをする営業を行う者（食品の冷凍又は冷蔵業を営む者を除く。）
三　容器包装に入れられ、又は容器包装で包まれた食品又は添加物のうち、冷凍又は冷蔵によらない方法により保存した場合において、腐敗、変敗その他の品質の劣化により食品衛生上の危害の発生のおそれのないものの販売をする営業を行う者
四　器具又は容器包装の輸入をし、又は販売をする営業を行う者

（食品衛生法施行規則　66条の2　4項　1〜4号）

※編注4：法第48条は以下のとおりです。

第48条　乳製品、第12条の規定により厚生労働大臣が定めた添加物その他製造又は加工の過程において特に衛生上の考慮を必要とする食品又は添加物であつて政令で定めるものの製造又は加工を行う営業者は、その製造又は加工を衛生的に管理させるため、その施設ごとに、専任の食品衛生管理者を置かなければならない。ただし、営業者が自ら食品衛生管理者となつて管理する施設については、この限りでない。
②　営業者が、前項の規定により食品衛生管理者を置かなければならない製造業又は加工業を二以上の施設で行う場合において、その施設が隣接しているときは、食品衛生管理者は、同項の規定にかかわらず、その二以上の施設を通じて一人で足りる。
③　食品衛生管理者は、当該施設においてその管理に係る食品又は添加物に関してこの法律又はこの法律に基づく命令若しくは処分に係

る違反が行われないように、その食品又は添加物の製造又は加工に従事する者を監督しなければならない。

④　食品衛生管理者は、前項に定めるもののほか、当該施設においてその管理に係る食品又は添加物に関してこの法律又はこの法律に基づく命令若しくは処分に係る違反の防止及び食品衛生上の危害の発生の防止のため、当該施設における衛生管理の方法その他の食品衛生に関する事項につき、必要な注意をするとともに、営業者に対し必要な意見を述べなければならない。

⑤　営業者は、その施設に食品衛生管理者を置いたときは、前項の規定による食品衛生管理者の意見を尊重しなければならない。

⑥　次の各号のいずれかに該当する者でなければ、食品衛生管理者となることができない。

一　医師、歯科医師、薬剤師又は獣医師

二　学校教育法（昭和22年法律第26号）に基づく大学、旧大学令（大正7年勅令第388号）に基づく大学又は旧専門学校令（明治36年勅令第61号）に基づく専門学校において医学、歯学、薬学、獣医学、畜産学、水産学又は農芸化学の課程を修めて卒業した者（当該課程を修めて同法に基づく専門職大学の前期課程を修了した者を含む。）

三　都道府県知事の登録を受けた食品衛生管理者の養成施設において所定の課程を修了した者

四　学校教育法に基づく高等学校若しくは中等教育学校若しくは旧中等学校令（昭和18年勅令第36号）に基づく中等学校を卒業した者又は厚生労働省令で定めるところによりこれらの者と同等以上の学力があると認められる者で、第1項の規定により食品衛生管理者を置かなければならない製造業又は加工業において食品又は添加物の製造又は加工の衛生管理の業務に3年以上従事し、かつ、都道府県知事の登録を受けた講習会の課程を修了した者

⑦　前項第4号に該当することにより食品衛生管理者たる資格を有する者は、衛生管理の業務に3年以上従事した製造業又は加工業と同種の製造業又は加工業の施設においてのみ、食品衛生管理者となる

ことができる。

⑧　第1項に規定する営業者は、食品衛生管理者を置き、又は自ら食品
衛生管理者となつたときは、15日以内に、その施設の所在地の都道
府県知事に、その食品衛生管理者の氏名又は自ら食品衛生管理者と
なつた旨その他厚生労働省令で定める事項を届け出なければならな
い。食品衛生管理者を変更したときも、同様とする。

（食品衛生法　48条）

→参考：学校給食調理従事者研修マニュアル　第2章・第3章

## 【120】　食品衛生責任者の要件

ロ　食品衛生責任者は次のいずれかに該当する者とすること。

（1）　法第30条（※編注1）に規定する食品衛生監視員又は法第
48条（※編注2）に規定する食品衛生管理者の資格要件を満た
す者

（2）　調理師、製菓衛生師、栄養士、船舶料理士、と畜場法（昭
和28年法律第114号）第7条（※編注3）に規定する衛生管理責
任者若しくは同法第10条（※編注4）に規定する作業衛生責任
者又は食鳥処理の事業の規制及び食鳥検査に関する法律（平
成2年法律第70号）第12条（※編注5）に規定する食鳥処理衛
生管理者

（3）　都道府県知事等が行う講習会又は都道府県知事等が適正
と認める講習会を受講した者

（食品衛生法施行規則　別表17　一　ロ）

※編注1：法第30条は以下のとおりです。

第30条　第28条第1項に規定する当該職員の職権及び食品衛生に関す

　　る指導の職務を行わせるために、厚生労働大臣、内閣総理大臣又は
　　都道府県知事等は、その職員のうちから食品衛生監視員を命ずるも
　　のとする。
②　都道府県知事等は、都道府県等食品衛生監視指導計画の定めると
　　ころにより、その命じた食品衛生監視員に監視指導を行わせなけれ
　　ばならない。
③　内閣総理大臣は、指針に従い、その命じた食品衛生監視員に食品、
　　添加物、器具及び容器包装の表示又は広告に係る監視指導を行わせ
　　るものとする。
④　厚生労働大臣は、輸入食品監視指導計画の定めるところにより、
　　その命じた食品衛生監視員に食品、添加物、器具及び容器包装の輸
　　入に係る監視指導を行わせるものとする。
⑤　前各項に定めるもののほか、食品衛生監視員の資格その他食品衛
　　生監視員に関し必要な事項は、政令で定める。

（食品衛生法　30条）

※編注2：法第48条は【119】の編注4を参照してください。
※編注3・4：と畜場法第7条・第10条は以下のとおりです。

（衛生管理責任者）
第7条　と畜場の管理者（と畜場の管理者がいないと畜場にあつては、
　　と畜場の設置者。以下この項、第6項、次条及び第18条第1項第5号に
　　おいて同じ。）は、と畜場を衛生的に管理させるため、と畜場ごとに、
　　衛生管理責任者を置かなければならない。ただし、と畜場の管理者
　　が自ら衛生管理責任者となつて管理すると畜場については、この限
　　りでない。
2　衛生管理責任者は、と畜場の衛生管理に関してこの法律又はこの
　　法律に基づく命令若しくは処分に係る違反が行われないように、当
　　該と畜場の衛生管理に従事する者を監督し、当該と畜場の構造設備
　　を管理し、その他当該と畜場の衛生管理につき、必要な注意をしなけ
　　ればならない。
3　衛生管理責任者は、と畜場の衛生管理に関してこの法律又はこの

法律に基づく命令若しくは処分に係る違反が行われないように、当該と畜場の衛生管理につき、当該と畜場の設置者又は管理者に対し必要な意見を述べなければならない。

4　と畜場の設置者又は管理者は、前項の規定による衛生管理責任者の意見を尊重しなければならない。

5　次の各号のいずれかに該当する者でなければ、衛生管理責任者となることができない。

一　獣医師

二　学校教育法（昭和22年法律第26号）に基づく大学、旧大学令（大正7年勅令第388号）に基づく大学又は旧専門学校令（明治36年勅令第61号）に基づく専門学校において獣医学又は畜産学の課程を修めて卒業した者（当該課程を修めて同法に基づく専門職大学の前期課程を修了した者を含む。）

三　学校教育法第57条に規定する者又は厚生労働省令で定めるところによりこれらの者と同等以上の学力があると認められる者で、と畜場の衛生管理の業務に3年以上従事し、かつ、都道府県又は保健所を設置する市が行う講習会の課程を修了した者

6　と畜場の管理者は、衛生管理責任者を置き、又は自ら衛生管理責任者となつたときは、その日から15日以内に、都道府県知事に、その衛生管理責任者の氏名又は自ら衛生管理責任者となつた旨その他厚生労働省令で定める事項を届け出なければならない。衛生管理責任者を変更したときも、同様とする。

7　受講科目その他第5項第3号の講習会の課程に関して必要な事項は、厚生労働省令で定める。

（作業衛生責任者）

第10条　と畜業者等は、獣畜のとさつ又は解体を衛生的に管理させるため、と畜場ごとに、作業衛生責任者を置かなければならない。ただし、と畜業者等が自ら作業衛生責任者となつて管理すると畜場については、この限りでない。

2　第7条第2項から第7項までの規定及び第8条の規定は、作業衛生責任者について準用する。この場合において、必要な技術的読替えは、

政令で定める。 （と畜場法　7条・10条）

※編注5：食鳥処理の事業の規制及び食鳥検査に関する法律第12条は以下の
とおりです。

（食鳥処理衛生管理者）

第12条　食鳥処理業者は、食鳥処理を衛生的に管理させるため、食鳥
　　処理場ごとに、厚生労働省令で定めるところにより、食鳥処理衛生
　　管理者を置かなければならない。

2　食鳥処理衛生管理者は、食鳥処理に関してこの法律又はこの法律
　　に基づく命令若しくは処分に係る違反が行われないように、食鳥処
　　理に従事する者を監督し、食鳥処理場の構造設備を管理し、その他食
　　鳥処理につき、必要な注意をしなければならない。

3　食鳥処理衛生管理者は、食鳥処理に関してこの法律又はこの法律
　　に基づく命令若しくは処分に係る違反が行われないように、食鳥処
　　理につき、食鳥処理業者に対し必要な意見を述べなければならない。

4　食鳥処理業者は、前項の規定による食鳥処理衛生管理者の意見を
　　尊重しなければならない。

5　次の各号のいずれかに該当する者でなければ、食鳥処理衛生管理
　　者となることができない。

一　獣医師

二　学校教育法（昭和22年法律第26号）に基づく大学、旧大学令（大
　　正7年勅令第388号）に基づく大学又は旧専門学校令（明治36年勅令
　　第61号）に基づく専門学校において獣医学又は畜産学の課程を修
　　めて卒業した者（当該課程を修めて同法に基づく専門職大学の前
　　期課程を修了した者を含む。）

三　都道府県知事の登録を受けた食鳥処理衛生管理者の養成施設に
　　おいて所定の課程を修了した者

四　学校教育法第57条に規定する者又は厚生労働省令で定めるとこ
　　ろによりこれらの者と同等以上の学力があると認められる者で、
　　食鳥処理の業務に3年以上従事し、かつ、都道府県知事の登録を受
　　けた講習会の課程を修了した者

6　食鳥処理業者は、食鳥処理衛生管理者を置いたときは、その日から15日以内に、都道府県知事に、その食鳥処理衛生管理者の氏名その他厚生労働省令で定める事項を届け出なければならない。食鳥処理衛生管理者を変更したときも、同様とする。

7　第5項第3号の養成施設及び同項第4号の講習会の登録に関して必要な事項は政令で、受講科目その他同項第3号の養成施設及び同項第4号の講習会の課程に関して必要な事項は厚生労働省令で定める。

（食鳥処理の事業の規制及び食鳥検査に関する法律　12条）

## 【121】　食品衛生責任者の職務

ハ　食品衛生責任者は次に掲げる事項を遵守すること。

（1）　都道府県知事等が行う講習会又は都道府県知事等が認める講習会を定期的に受講し、食品衛生に関する新たな知見の習得に努めること（法第54条（※編注1）の営業（法第68条第3項（※編注2）において準用する場合を含む。）に限る。）。

（2）　営業者の指示に従い、衛生管理に当たること。

ニ　営業者は、食品衛生責任者の意見を尊重すること。

ホ　食品衛生責任者は、第66条の2第3項（※編注3）に規定された措置の遵守のために、必要な注意を行うとともに、営業者に対し必要な意見を述べるよう努めること。

（食品衛生法施行規則　別表17　一　ハ〜ホ）

※編注1：法第54条は以下のとおりです。

第54条　都道府県は、公衆衛生に与える影響が著しい営業（食鳥処理の事業を除く。）であつて、政令で定めるものの施設につき、厚生労働省令で定める基準を参酌して、条例で、公衆衛生の見地から必要な基準を定めなければならない。　（食品衛生法　54条）

※編注2：法第68条第3項は【119】の編注2を参照してください。
※編注3：第66条の2第3項は以下のとおりです。

③　営業者は、法第51条第2項（法第68条第3項において準用する場合を含む。）の規定に基づき、前2項の基準に従い、次に定めるところにより公衆衛生上必要な措置を定め、これを遵守しなければならない。
一　食品衛生上の危害の発生の防止のため、施設の衛生管理及び食品又は添加物の取扱い等に関する計画（以下「衛生管理計画」という。）を作成し、食品又は添加物を取り扱う者及び関係者に周知徹底を図ること。
二　施設設備、機械器具の構造及び材質並びに食品の製造、加工、調理、運搬、貯蔵又は販売の工程を考慮し、これらの工程において公衆衛生上必要な措置を適切に行うための手順書（以下「手順書」という。）を必要に応じて作成すること。
三　衛生管理の実施状況を記録し、保存すること。なお、記録の保存期間は、取り扱う食品又は添加物が使用され、又は消費されるまでの期間を踏まえ、合理的に設定すること。
四　衛生管理計画及び手順書の効果を検証し、必要に応じてその内容を見直すこと。　　　　　　（食品衛生法施行規則　66条の2　3項）

# 41　責任者

## 【122】　校長等（共同調理場の長を含む）責任者の職務

三　校長又は共同調理場の長（以下「校長等」という。）は、学校給食の衛生管理について注意を払い、学校給食関係者に対し、衛生管理の徹底を図るよう注意を促し、学校給食の安全な実施に配慮すること。
四　校長等は、学校保健委員会等を活用するなどにより、栄養教

諭等、保健主事、養護教諭等の教職員、学校医、学校歯科医、学校薬剤師、保健所長等の専門家及び保護者が連携した学校給食の衛生管理を徹底するための体制を整備し、その適切な運用を図ること。

五　校長等は、食品の検収等の日常点検の結果、異常の発生が認められる場合、食品の返品、献立の一部又は全部の削除、調理済食品の回収等必要な措置を講じること。

六　校長等は、施設及び設備等の日常点検の結果、改善が必要と認められる場合、必要な応急措置を講じること。また、改善に時間を要する場合、計画的な改善を行うこと。

七　校長等は、栄養教諭等の指導及び助言が円滑に実施されるよう、関係職員の意思疎通等に配慮すること。

（学校給食衛生管理基準　第4　1　(1)　三〜七）

三　校長の指導のもと養護教諭等が児童生徒の症状の把握に努める等関係職員の役割を明確にし、校内組織等に基づいて学校内外の取組体制を整備すること。

（学校給食衛生管理基準　第4　1　(4)　三）

(1)　調理施設の経営者又は学校長等施設の運営管理責任者（以下「責任者」という。）は、施設の衛生管理に関する責任者（以下「衛生管理者」という。）を指名すること。

　なお、共同調理施設等で調理された食品を受け入れ、提供する施設においても、衛生管理者を指名すること。

(2)　責任者は、日頃から食材の納入業者についての情報の収集に努め、品質管理の確かな業者から食材を購入すること。また、継続的に購入する場合は、配送中の保存温度の徹底を指示する

　　ほか、納入業者が定期的に行う原材料の微生物検査等の結果の
　　提出を求めること。

(3)　責任者は、衛生管理者に別紙（※編注）点検表に基づく点検
　　作業を行わせるとともに、そのつど点検結果を報告させ、適切
　　に点検が行われたことを確認すること。点検結果については、
　　1年間保管すること。

(4)　責任者は、点検の結果、衛生管理者から改善不能な異常の発
　　生の報告を受けた場合、食材の返品、メニューの一部削除、調
　　理済み食品の回収等必要な措置を講ずること。

(5)　責任者は、点検の結果、改善に時間を要する事態が生じた場
　　合、必要な応急処置を講じるとともに、計画的に改善を行うこ
　　と。

(6)　責任者は、衛生管理者及び調理従事者等に対して衛生管理
　　及び食中毒防止に関する研修に参加させるなど必要な知識・技
　　術の周知徹底を図ること。

(7)　責任者は、調理従事者等を含め職員の健康管理及び健康状
　　態の確認を組織的・継続的に行い、調理従事者等の感染及び調
　　理従事者等からの施設汚染の防止に努めること。

(8)　責任者は、衛生管理者に毎日作業開始前に、各調理従事者等
　　の健康状態を確認させ、その結果を記録させること。

(9)　責任者は、調理従事者等に定期的な健康診断及び月に1回以
　　上の検便を受けさせること。検便検査には、腸管出血性大腸菌
　　の検査を含めることとし、10月から3月の間には月に1回以上又
　　は必要に応じてノロウイルスの検便検査を受けさせるよう努め
　　ること。

(10)　責任者は、ノロウイルスの無症状病原体保有者であること
　　が判明した調理従事者等を、検便検査においてノロウイルスを

保有していないことが確認されるまでの間、食品に直接触れる調理作業を控えさせるなど適切な措置をとることが望ましいこと。

（11）　責任者は、調理従事者等が下痢、嘔吐、発熱などの症状があった時、手指等に化膿創があった時は調理作業に従事させないこと。

（12）　責任者は、下痢又は嘔吐等の症状がある調理従事者等について、直ちに医療機関を受診させ、感染性疾患の有無を確認すること。ノロウイルスを原因とする感染性疾患による症状と診断された調理従事者等は、検便検査においてノロウイルスを保有していないことが確認されるまでの間、食品に直接触れる調理作業を控えさせるなど適切な処置をとることが望ましいこと。

（13）　責任者は、調理従事者等について、ノロウイルスにより発症した調理従事者等と一緒に感染の原因と考えられる食事を喫食するなど、同一の感染機会があった可能性がある調理従事者等について速やかにノロウイルスの検便検査を実施し、検査の結果ノロウイルスを保有していないことが確認されるまでの間、調理に直接従事することを控えさせる等の手段を講じることが望ましいこと。

（17）　高齢者や乳幼児が利用する施設等においては、平常時から施設長を責任者とする危機管理体制を整備し、感染拡大防止のための組織対応を文書化するとともに、具体的な対応訓練を行っておくことが望ましいこと。また、従業員あるいは利用者において下痢・嘔吐等の発生を迅速に把握するために、定常的に

　有症状者数を調査・監視することが望ましいこと。

（大量調理施設衛生管理マニュアル　Ⅲ　1　(1)〜(13)・(17)）

※編注：別紙は【118】の編注を参照してください。
→参考：学校給食施設・設備の改善事例集　第1章

## 【123】　教育委員会の職務

　1　学校給食を実施する都道府県教育委員会及び市区町村教育委員会（以下「教育委員会」という。）、附属学校を設置する国立大学法人及び私立学校の設置者（以下「教育委員会等」という。）は、自らの責任において、必要に応じて、保健所の協力、助言及び援助（食品衛生法（昭和22年法律第233号）に定める食品衛生監視員による監視指導を含む。）を受けつつ、HACCP（コーデックス委員会（国連食糧農業機関／世界保健機関合同食品規格委員会）総会において採択された「危害分析・重要管理点方式とその適用に関するガイドライン」に規定されたHACCP（Hazard Analysis and Critical Control Point：危害分析・重要管理点）をいう。）の考え方に基づき単独調理場、共同調理場（調理等の委託を行う場合を含む。以下「学校給食調理場」という。）並びに共同調理場の受配校の施設及び設備、食品の取扱い、調理作業、衛生管理体制等について実態把握に努め、衛生管理上の問題がある場合には、学校医又は学校薬剤師の協力を得て速やかに改善措置を図ること。　（学校給食衛生管理基準　第1　1）

　二　野菜類の使用については、二次汚染防止の観点から、原則として加熱調理すること。また、教育委員会等において、生野菜

の使用に当たっては、食中毒の発生状況、施設及び設備の状況、調理過程における二次汚染防止のための措置、学校給食調理員の研修の実施、管理運営体制の整備等の衛生管理体制の実態、並びに生野菜の食生活に果たす役割等を踏まえ、安全性を確認しつつ、加熱調理の有無を判断すること。さらに、生野菜の使用に当たっては、流水で十分洗浄し、必要に応じて、消毒するとともに、消毒剤が完全に洗い落とされるまで流水で水洗いすること。　　　　　　　　　　（学校給食衛生管理基準　第3　1　(4)　①　ニ）

八　教育委員会等は、栄養教諭等の衛生管理に関する専門性の向上を図るため、新規採用時及び経験年数に応じた研修その他の研修の機会が確保されるよう努めること。

九　教育委員会等は、学校給食調理員を対象とした研修の機会が確保されるよう努めること。また、非常勤職員等も含め可能な限り全員が等しく研修を受講できるよう配慮すること。

十　教育委員会等は、設置する学校について、計画を立て、登録検査機関（食品衛生法（昭和22年法律第233号）第4条第9項に規定する「登録検査機関」をいう。）（※編注）等に委託するなどにより、定期的に原材料及び加工食品について、微生物検査、理化学検査を行うこと。

　　　　　　　　　　　（学校給食衛生管理基準　第4　1　(1)　八〜十）

(4)　食中毒の集団発生の際の措置

一　教育委員会等、学校医、保健所等に連絡するとともに、患者の措置に万全を期すこと。また、二次感染の防止に努めること。　　　　　　　　　（学校給食衛生管理基準　第4　1　(4)　一）

> 2 クックチル方式により学校給食を提供する場合には、教育委員会等の責任において、クックチル専用の施設設備の整備、二次汚染防止のための措置、学校給食従事者の研修の実施、衛生管理体制の整備等衛生管理のための必要な措置を講じたうえで実施すること。　　　　　　(学校給食衛生管理基準　第6　2)

※編注：登録検査機関は以下のとおりです。

> ⑨　この法律で登録検査機関とは、第33条第1項の規定により厚生労働大臣の登録を受けた法人をいう。　　　(食品衛生法　4条　9項)
>
> 第33条　厚生労働大臣は、第31条の規定により登録を申請した者（以下この項において「登録申請者」という。）が次に掲げる要件のすべてに適合しているときは、その登録をしなければならない。この場合において、登録に関して必要な手続は、厚生労働省令で定める。
> 一　別表の第1欄に掲げる製品検査の種類ごとに、それぞれ同表の第2欄に掲げる機械器具その他の設備を有し、かつ、製品検査は同表の第3欄に掲げる条件に適合する知識経験を有する者が実施し、その人数が同表の第4欄に掲げる数以上であること。
> 二　次に掲げる製品検査の信頼性の確保のための措置が執られていること。
> 　イ　検査を行う部門に製品検査の種類ごとにそれぞれ専任の管理者を置くこと。
> 　ロ　製品検査の業務の管理及び精度の確保に関する文書が作成されていること。
> 　ハ　ロに掲げる文書に記載されたところに従い製品検査の業務の管理及び精度の確保を行う専任の部門を置くこと。
> 三　登録申請者が、第25条第1項又は第26条第1項から第3項までの規定により製品検査を受けなければならないこととされる食品、添加物、器具又は容器包装を販売し、販売の用に供するために製

造し、輸入し、加工し、若しくは陳列し、又は営業上使用する営業者（以下この号及び第39条第2項において「受検営業者」という。）に支配されているものとして次のいずれかに該当するものでないこと。

イ　登録申請者が株式会社である場合にあつては、受検営業者がその親法人（会社法（平成17年法律第86号）第879条第1項に規定する親法人をいう。）であること。

ロ　登録申請者の役員（持分会社（会社法第575条第1項に規定する持分会社をいう。）にあつては、業務を執行する社員）に占める受検営業者の役員又は職員（過去2年間に当該受検営業者の役員又は職員であつた者を含む。）の割合が2分の1を超えていること。

ハ　登録申請者の代表権を有する役員が、受検営業者の役員又は職員（過去2年間に当該受検営業者の役員又は職員であつた者を含む。）であること。　　　　　　　　　（食品衛生法　33条　1項）

→参考：学校給食調理従事者研修マニュアル　第2章・第3章

## 【124】　都道府県知事等の職務

ロ　都道府県知事等から食品等取扱者について検便を受けるべき旨の指示があつたときには、食品等取扱者に検便を受けるよう指示すること。　　　　　　（食品衛生法施行規則　別表17　七　ロ）

ロ　営業者は、製品に関する消費者からの健康被害（医師の診断を受け、当該症状が当該食品又は添加物に起因する又はその疑いがあると診断されたものに限る。以下この号において同じ。）及び法に違反する情報を得た場合には、当該情報を都道府県知事等に提供するよう努めること。

ハ　営業者は、製品について、消費者及び製品を取り扱う者から
　異味又は異臭の発生、異物の混入その他の健康被害につながる
　おそれが否定できない情報を得た場合は、当該情報を都道府県
　知事等に提供するよう努めること。

　　　　　　　　　　（食品衛生法施行規則　別表17　九　ロ・ハ）

イ　営業者は、製品に起因する食品衛生上の危害又は危害のおそ
　れが発生した場合は、消費者への健康被害を未然に防止する観
　点から、当該食品又は添加物を迅速かつ適切に回収できるよう、
　回収に係る責任体制、消費者への注意喚起の方法、具体的な回
　収の方法及び当該食品又は添加物を取り扱う施設の所在する地
　域を管轄する都道府県知事等への報告の手順を定めておくこ
　と。　　　　　　　　　　（食品衛生法施行規則　別表17　十　イ）

→参考：学校給食調理従事者研修マニュアル　第3章

# 42　従事者

## 【125】　栄養教諭又は学校栄養職員の職務

五　学校給食施設は、設計段階において保健所及び学校薬剤師等
　の助言を受けるとともに、栄養教諭又は学校栄養職員（以下「栄
　養教諭等」という。）その他の関係者の意見を取り入れ整備する
　こと。　　　　　　　（学校給食衛生管理基準　第2　1　(1)　①　五）

四　献立作成委員会を設ける等により、栄養教諭等、保護者その

他の関係者の意見を尊重すること。

（学校給食衛生管理基準　第3　1　(1)　四）

一　学校給食用食品（以下「食品」という。）の購入に当たっては、食品選定のための委員会等を設ける等により、栄養教諭等、保護者その他の関係者の意見を尊重すること。また、必要に応じて衛生管理に関する専門家の助言及び協力を受けられるような仕組みを整えること。

（学校給食衛生管理基準　第3　1　(2)　①　一）

一　学校給食調理場においては、栄養教諭等を衛生管理責任者として定めること。ただし、栄養教諭等が現にいない場合は、調理師資格を有する学校給食調理員等を衛生管理責任者として定めること。　　　　（学校給食衛生管理基準　第4　1　(1)　一）

→参考：学校給食調理従事者研修マニュアル　第2章・第3章

## 【126】　給食従事者及び学校給食調理員の職務

(2)　学校給食従事者の衛生管理
一　学校給食従事者は、身体、衣服を清潔に保つこと。
二　調理及び配食に当たっては、せき、くしゃみ、髪の毛等が食器、食品等につかないよう専用で清潔な調理衣、エプロン、マスク、帽子、履物等を着用すること。
三　作業区域用の調理衣等及び履物を着用したまま便所に入らないこと。

四　作業開始前、用便後、汚染作業区域から非汚染作業区域に移動する前、食品に直接触れる作業の開始直前及び生の食肉類、魚介類、卵、調理前の野菜類等に触れ、他の食品及び器具等に触れる前に、手指の洗浄及び消毒を行うこと。

（学校給食衛生管理基準　第4　1　(2)）

二　野菜類の使用については、二次汚染防止の観点から、原則として加熱調理すること。また、教育委員会等において、生野菜の使用に当たっては、食中毒の発生状況、施設及び設備の状況、調理過程における二次汚染防止のための措置、学校給食調理員の研修の実施、管理運営体制の整備等の衛生管理体制の実態、並びに生野菜の食生活に果たす役割等を踏まえ、安全性を確認しつつ、加熱調理の有無を判断すること。さらに、生野菜の使用に当たっては、流水で十分洗浄し、必要に応じて、消毒するとともに、消毒剤が完全に洗い落とされるまで流水で水洗いすること。　　　　　（学校給食衛生管理基準　第3　1　(4)　①　二）

→参考：食品製造におけるHACCP入門のための手引書［大量調理施設における食品の調理編］（第3版）　第2章　4

## 【127】　調理従事者等の職務

(1)　調理従事者等（食品の盛付け・配膳等、食品に接触する可能性のある者及び臨時職員を含む。以下同じ。）は、次に定める場合には、別添2（※編注）に従い、必ず流水・石けんによる手洗いによりしっかりと2回（その他の時には丁寧に1回）手指の洗浄及び消毒を行うこと。なお、使い捨て手袋を使用する場合にも、原則として次に定める場合に交換を行うこと。

①　作業開始前及び用便後

②　汚染作業区域から非汚染作業区域に移動する場合

③　食品に直接触れる作業にあたる直前

④　生の食肉類、魚介類、卵殻等微生物の汚染源となるおそれのある食品等に触れた後、他の食品や器具等に触れる場合

⑤　配膳の前　　　　（大量調理施設衛生管理マニュアル　Ⅱ　３　(1)）


①　調理従事者等は、便所及び風呂等における衛生的な生活環境を確保すること。また、ノロウイルスの流行期には十分に加熱された食品を摂取する等により感染防止に努め、徹底した手洗いの励行を行うなど自らが施設や食品の汚染の原因とならないように措置するとともに、体調に留意し、健康な状態を保つように努めること。

②　調理従事者等は、毎日作業開始前に、自らの健康状態を衛生管理者に報告し、衛生管理者はその結果を記録すること。

③　調理従事者等は臨時職員も含め、定期的な健康診断及び月に1回以上の検便を受けること。検便検査[注7]には、腸管出血性大腸菌の検査を含めることとし、10月から3月までの間には月に1回以上又は必要に応じて[注8]ノロウイルスの検便検査に努めること。

④　ノロウイルスの無症状病原体保有者であることが判明した調理従事者等は、検便検査においてノロウイルスを保有していないことが確認されるまでの間、食品に直接触れる調理作業を控えるなど適切な措置をとることが望ましいこと。

⑤　調理従事者等は下痢、嘔吐、発熱などの症状があった時、手指等に化膿創があった時は調理作業に従事しないこと。

⑥　下痢又は嘔吐等の症状がある調理従事者等については、直ち
　　に医療機関を受診し、感染性疾患の有無を確認すること。ノロ
　　ウイルスを原因とする感染性疾患による症状と診断された調理
　　従事者等は、検便検査においてノロウイルスを保有していない
　　ことが確認されるまでの間、食品に直接触れる調理作業を控え
　　るなど適切な処置をとることが望ましいこと。

⑦　調理従事者等が着用する帽子、外衣は毎日専用で清潔なもの
　　に交換すること。

⑧　下処理場から調理場への移動の際には、外衣、履き物の交換
　　等を行うこと。（履き物の交換が困難な場合には履き物の消毒
　　を必ず行うこと。）

⑨　便所には、調理作業時に着用する外衣、帽子、履き物のまま
　　入らないこと。

⑩　調理、点検に従事しない者が、やむを得ず、調理施設に立ち
　　入る場合には、専用の清潔な帽子、外衣及び履き物を着用させ、
　　手洗い及び手指の消毒を行わせること。

⑪　食中毒が発生した時の原因究明を確実に行うため、原則とし
　　て、調理従事者等は当該施設で調理された食品を喫食しないこ
　　と。

　　　ただし、原因究明に支障を来さないための措置が講じられて
　　いる場合はこの限りでない。（試食担当者を限定すること等）

　注7：ノロウイルスの検査に当たっては、遺伝子型によらず、概ね便
　　　　1g当たり105オーダーのノロウイルスを検出できる検査法を用
　　　　いることが望ましい。ただし、検査結果が陰性であっても検
　　　　査感度によりノロウイルスを保有している可能性を踏まえた
　　　　衛生管理が必要である。

　注8：ノロウイルスの検便検査の実施に当たっては、調理従事者の健

康確認の補完手段とする場合、家族等に感染性胃腸炎が疑われる有症者がいる場合、病原微生物検出情報においてノロウイルスの検出状況が増加している場合などの各食品等事業者の事情に応じ判断すること。

（大量調理施設衛生管理マニュアル Ⅱ 5 (4) ①〜⑪）

※編注：別添2の該当部分は以下のとおりです。

（手洗いマニュアル）
1. 水で手をぬらし石けんをつける。
2. 指、腕を洗う。特に、指の間、指先をよく洗う。(30秒程度)
3. 石けんをよく洗い流す。(20秒程度)
4. 使い捨てペーパータオル等でふく。（タオル等の共用はしないこと。）
5. 消毒用のアルコールをかけて手指によくすりこむ。
（本文のⅡ3(1)で定める場合には、1から3までの手順を2回実施する。）

（大量調理施設衛生管理マニュアル 別添2）

## 【128】 調理従事者の手洗い消毒の実施

① 作業開始前及び用便後

（大量調理施設衛生管理マニュアル Ⅱ 3 (1) ①）

→参考：学校給食調理場における手洗いマニュアル 1・2・4

# 43 納入業者

## 【129】 納入業者の選定と衛生管理

二 食品の製造を委託する場合には、衛生上信用のおける製造業

者を選定すること。また、製造業者の有する設備、人員等から見た能力に応じた委託とすることとし、委託者において、随時点検を行い、記録を残し、事故発生の防止に努めること。

（学校給食衛生管理基準　第3　1　(2)　①　二）

一　保健所等の協力を得て、施設の衛生面及び食品の取扱いが良好で衛生上信用のおける食品納入業者を選定すること。

二　食品納入業者又は納入業者の団体等との間に連絡会を設け、学校給食の意義、役割及び衛生管理の在り方について定期的な意見交換を行う等により、食品納入業者の衛生管理の啓発に努めること。

三　売買契約に当たって、衛生管理に関する事項を取り決める等により、業者の検便、衛生環境の整備等について、食品納入業者に自主的な取組を促すこと。

四　必要に応じて、食品納入業者の衛生管理の状況を確認すること。

五　原材料及び加工食品について、製造業者若しくは食品納入業者等が定期的に実施する微生物及び理化学検査の結果、又は生産履歴等を提出させること。また、検査等の結果については、保健所等への相談等により、原材料として不適と判断した場合には、食品納入業者の変更等適切な措置を講じること。さらに、検査結果を保管すること。

（学校給食衛生管理基準　第3　1　(2)　②　一～五）

四　納入業者から食品を納入させるに当たっては、検収室におい

て食品の受け渡しを行い、下処理室及び調理室に立ち入らせな
いこと。　　　　　（学校給食衛生管理基準　第3　1　(3)　四）

(2)　原材料について納入業者が定期的に実施する微生物及び理
　　化学検査の結果を提出させること。その結果については、保健
　　所に相談するなどして、原材料として不適と判断した場合には、
　　納入業者の変更等適切な措置を講じること。検査結果について
　　は、1年間保管すること。
　　　　　　　　　（大量調理施設衛生管理マニュアル　Ⅱ　1　(2)）

注8：ノロウイルスの検便検査の実施に当たっては、調理従事者
　　　の健康確認の補完手段とする場合、家族等に感染性胃腸炎
　　　が疑われる有症者がいる場合、病原微生物検出情報におい
　　　てノロウイルスの検出状況が増加している場合などの各食
　　　品等事業者の事情に応じ判断すること。
　　　　　　　（大量調理施設衛生管理マニュアル　Ⅱ　5　(4)　注8）

# 44　清掃業者

## 【130】　貯水槽の清掃業者への委託

三　貯水槽を設けている場合は、専門の業者に委託する等により、
　　年1回以上清掃すること。また、清掃した証明書等の記録は1年
　　間保管すること。　　（学校給食衛生管理基準　第3　1　(4)　②　三）

⑧　貯水槽は清潔を保持するため、専門の業者に委託して、年1回
　　以上清掃すること。

なお、清掃した証明書は1年間保管すること。

（大量調理施設衛生管理マニュアル　Ⅱ　5　(2)　⑧）

# 45　営業者

## 【131】　営業者の職務

ニ　営業者は、食品衛生責任者の意見を尊重すること。

ヘ　ふぐを処理する営業者にあつては、ふぐの種類の鑑別に関する知識及び有毒部位を除去する技術等を有すると都道府県知事等が認める者にふぐを処理させ、又はその者の立会いの下に他の者にふぐを処理させなければならない。

（食品衛生法施行規則　別表17　一　ニ・ヘ）

イ　営業者は、採取し、製造し、輸入し、加工し、調理し、貯蔵し、運搬し、若しくは販売する食品又は添加物（以下この表において「製品」という。）について、消費者が安全に喫食するために必要な情報を消費者に提供するよう努めること。

ロ　営業者は、製品に関する消費者からの健康被害（医師の診断を受け、当該症状が当該食品又は添加物に起因する又はその疑いがあると診断されたものに限る。以下この号において同じ。）及び法に違反する情報を得た場合には、当該情報を都道府県知事等に提供するよう努めること。

ハ　営業者は、製品について、消費者及び製品を取り扱う者から異味又は異臭の発生、異物の混入その他の健康被害につながる

おそれが否定できない情報を得た場合は、当該情報を都道府県
知事等に提供するよう努めること。

（食品衛生法施行規則　別表17　九　イ〜ハ）

イ　営業者は、製品に起因する食品衛生上の危害又は危害のおそ
れが発生した場合は、消費者への健康被害を未然に防止する観
点から、当該食品又は添加物を迅速かつ適切に回収できるよう、
回収に係る責任体制、消費者への注意喚起の方法、具体的な回
収の方法及び当該食品又は添加物を取り扱う施設の所在する地
域を管轄する都道府県知事等への報告の手順を定めておくこ
と。　　　　　　　　　　　（食品衛生法施行規則　別表17　十　イ）

八　令第34条の2（※編注1）に規定する営業者
令第34条の2に規定する営業者（第66条の4第2号（※編注2）
に規定する規模の添加物を製造する営業者を含む。）にあつて
は、その取り扱う食品の特性又は営業の規模に応じ、前各号に
掲げる事項を簡略化して公衆衛生上必要な措置を行うことがで
きる。　　　　　　　　　　（食品衛生法施行規則　別表18　八）

※編注1：令第34条の2は【41】の編注1を参照してください。
※編注2：第66条の4第2号は【41】の編注2を参照してください。

# 46　調理に直接関係のない者

## 【132】　調理に直接関係のない者の入室

十一　調理に直接関係のない者を調理室に入れないこと。調理及

び点検に従事しない者が、やむを得ず、調理室内に立ち入る場合には、食品及び器具等には触らせず、(3)三（※編注）に規定する学校給食従事者の健康状態等を点検し、その状態を記録すること。また、専用の清潔な調理衣、マスク、帽子及び履物を着用させること。さらに、調理作業後の調理室等は施錠するなど適切な管理を行うこと。

（学校給食衛生管理基準　第4　1　(1)　十一）

※編注：(3)三は以下のとおりです。

三　学校給食従事者の下痢、発熱、腹痛、嘔吐、化膿性疾患及び手指等の外傷等の有無等健康状態を、毎日、個人ごとに把握するとともに、本人若しくは同居人に、感染症予防及び感染症の患者に対する医療に関する法律（平成10年法律114号。以下「感染症予防法」という。）に規定する感染症又はその疑いがあるかどうか毎日点検し、これらを記録すること。また、下痢、発熱、腹痛、嘔吐をしており、感染症予防法に規定する感染症又はその疑いがある場合には、医療機関に受診させ感染性疾患の有無を確認し、その指示を励行させること。さらに、化膿性疾患が手指にある場合には、調理作業への従事を禁止すること。　　（学校給食衛生管理基準　第4　1　(3)　三）

## 47　感染予防対策

### 【133】　給食従事者等における感染予防対策

三　学校給食従事者の下痢、発熱、腹痛、嘔吐、化膿性疾患及び手指等の外傷等の有無等健康状態を、毎日、個人ごとに把握するとともに、本人若しくは同居人に、感染症予防及び感染症の患者に対する医療に関する法律（平成10年法律114号。以下「感

染症予防法」という。）に規定する感染症又はその疑いがあるか
どうか毎日点検し、これらを記録すること。また、下痢、発熱、
腹痛、嘔吐をしており、感染症予防法に規定する感染症又はそ
の疑いがある場合には、医療機関に受診させ感染性疾患の有無
を確認し、その指示を励行させること。さらに、化膿性疾患が
手指にある場合には、調理作業への従事を禁止すること。

四　ノロウイルスを原因とする感染性疾患による症状と診断され
た学校給食従事者は、高感度の検便検査においてノロウイルス
を保有していないことが確認されるまでの間、食品に直接触れ
る調理作業を控えさせるなど適切な処置をとること。また、ノ
ロウイルスにより発症した学校給食従事者と一緒に食事を喫食
する、又は、ノロウイルスによる発症者が家族にいるなど、同
一の感染機会があった可能性がある調理従事者について速やか
に高感度の検便検査を実施し、検査の結果ノロウイルスを保有
していないことが確認されるまでの間、調理に直接従事するこ
とを控えさせる等の手段を講じるよう努めること。

（学校給食衛生管理基準　第4　1　(3)　三・四）

(15)　学校給食従事者の下痢、発熱、腹痛、嘔吐、化膿性疾患及
び手指等の外傷等の有無等健康状態を、毎日、個人ごとに把握
するとともに、本人若しくは同居人に感染症予防法に規定する
感染症又は、その疑いがあるかどうか毎日点検し、これらが記
録されていること。また、下痢、発熱、腹痛、嘔吐をしており、
感染症予防法に規定する感染症又はその疑いがある場合には、
医療機関に受診させ感染性疾患の有無を確認し、その指示が励
行されていること。さらに、化膿性疾患が手指にある場合には、

調理作業への従事が禁止されていること。

（学校給食衛生管理基準　第5　1　(15)）

→参考：学校給食調理従事者研修マニュアル　第4章
　　　　調理場における衛生管理&調理技術マニュアル　第6章・第7章

## 【134】　調理従事者の感染予防対策

(1)　調理従事者等（食品の盛付け・配膳等、食品に接触する可能性のある者及び臨時職員を含む。以下同じ。）は、次に定める場合には、別添2（※編注）に従い、必ず流水・石けんによる手洗いによりしっかりと2回（その他の時には丁寧に1回）手指の洗浄及び消毒を行うこと。なお、使い捨て手袋を使用する場合にも、原則として次に定める場合に交換を行うこと。

①　作業開始前及び用便後

②　汚染作業区域から非汚染作業区域に移動する場合

③　食品に直接触れる作業にあたる直前

④　生の食肉類、魚介類、卵殻等微生物の汚染源となるおそれのある食品等に触れた後、他の食品や器具等に触れる場合

⑤　配膳の前　　　（大量調理施設衛生管理マニュアル　Ⅱ　3　(1)）

①　調理従事者等は、便所及び風呂等における衛生的な生活環境を確保すること。また、ノロウイルスの流行期には十分に加熱された食品を摂取する等により感染防止に努め、徹底した手洗いの励行を行うなど自らが施設や食品の汚染の原因とならないように措置するとともに、体調に留意し、健康な状態を保つように努めること。

②　調理従事者等は、毎日作業開始前に、自らの健康状態を衛生

管理者に報告し、衛生管理者はその結果を記録すること。

（大量調理施設衛生管理マニュアル　Ⅱ　5　(4)　①・②）

⑥　下痢又は嘔吐等の症状がある調理従事者等については、直ちに医療機関を受診し、感染性疾患の有無を確認すること。ノロウイルスを原因とする感染性疾患による症状と診断された調理従事者等は、検便検査においてノロウイルスを保有していないことが確認されるまでの間、食品に直接触れる調理作業を控えるなど適切な処置をとることが望ましいこと。

（大量調理施設衛生管理マニュアル　Ⅱ　5　(4)　⑥）

注8：ノロウイルスの検便検査の実施に当たっては、調理従事者の健康確認の補完手段とする場合、家族等に感染性胃腸炎が疑われる有症者がいる場合、病原微生物検出情報においてノロウイルスの検出状況が増加している場合などの各食品等事業者の事情に応じ判断すること。

（大量調理施設衛生管理マニュアル　Ⅱ　5　(4)　注8）

(8)　責任者は、衛生管理者に毎日作業開始前に、各調理従事者等の健康状態を確認させ、その結果を記録させること。

（大量調理施設衛生管理マニュアル　Ⅲ　1　(8)）

※編注：別添2の該当部分は以下のとおりです。

（手洗いマニュアル）
1. 水で手をぬらし石けんをつける。
2. 指、腕を洗う。特に、指の間、指先をよく洗う。（30秒程度）
3. 石けんをよく洗い流す。（20秒程度）

4. 使い捨てペーパータオル等でふく。（タオル等の共用はしないこと。）
5. 消毒用のアルコールをかけて手指によくすりこむ。
　（本文のⅡ3(1)で定める場合には、1から3までの手順を2回実施する。）

（大量調理施設衛生管理マニュアル　別添2）

→参考：学校給食調理従事者研修マニュアル　第4章
　　　　調理場における衛生管理＆調理技術マニュアル　第6章・第7章

## 【135】　調理従事者等に化膿創等があった際の調理作業

　三　学校給食従事者の下痢、発熱、腹痛、嘔吐、化膿性疾患及び手指等の外傷等の有無等健康状態を、毎日、個人ごとに把握するとともに、本人若しくは同居人に、感染症予防及び感染症の患者に対する医療に関する法律（平成10年法律114号。以下「感染症予防法」という。）に規定する感染症又はその疑いがあるかどうか毎日点検し、これらを記録すること。また、下痢、発熱、腹痛、嘔吐をしており、感染症予防法に規定する感染症又はその疑いがある場合には、医療機関に受診させ感染性疾患の有無を確認し、その指示を励行させること。さらに、化膿性疾患が手指にある場合には、調理作業への従事を禁止すること。

（学校給食衛生管理基準　第4　1　(3)　三）

　(15)　学校給食従事者の下痢、発熱、腹痛、嘔吐、化膿性疾患及び手指等の外傷等の有無等健康状態を、毎日、個人ごとに把握するとともに、本人若しくは同居人に感染症予防法に規定する感染症又は、その疑いがあるかどうか毎日点検し、これらが記録されていること。また、下痢、発熱、腹痛、嘔吐をしており、感染症予防法に規定する感染症又はその疑いがある場合には、

医療機関に受診させ感染性疾患の有無を確認し、その指示が励行されていること。さらに、化膿性疾患が手指にある場合には、調理作業への従事が禁止されていること。

（学校給食衛生管理基準　第5　1　(15)）

⑤　調理従事者等は下痢、嘔吐、発熱などの症状があった時、手指等に化膿創があった時は調理作業に従事しないこと。

（大量調理施設衛生管理マニュアル　Ⅱ　5　(4)　⑤）

(11)　責任者は、調理従事者等が下痢、嘔吐、発熱などの症状があった時、手指等に化膿創があった時は調理作業に従事させないこと。　　（大量調理施設衛生管理マニュアル　Ⅲ　1　(11)）

→参考：学校給食調理従事者研修マニュアル　第4章
　　　　調理場における衛生管理＆調理技術マニュアル　第6章・第7章

## 【136】　病原体保有者に対する責任者の対応

(10)　責任者は、ノロウイルスの無症状病原体保有者であることが判明した調理従事者等を、検便検査においてノロウイルスを保有していないことが確認されるまでの間、食品に直接触れる調理作業を控えさせるなど適切な措置をとることが望ましいこと。

(13)　責任者は、調理従事者等について、ノロウイルスにより発症した調理従事者等と一緒に感染の原因と考えられる食事を喫食するなど、同一の感染機会があった可能性がある調理従事者等について速やかにノロウイルスの検便検査を実施し、検査の結果ノロウイルスを保有していないことが確認されるまでの

間、調理に直接従事することを控えさせる等の手段を講じることが望ましいこと。

（大量調理施設衛生管理マニュアル　Ⅲ　1　(10)・(13)）

→参考：学校給食調理従事者研修マニュアル　第4章
　　　　調理場における衛生管理＆調理技術マニュアル　第6章・第7章


## 【137】　感染予防対策と各関係機関との連携

一　教育委員会等、学校医、保健所等に連絡するとともに、患者の措置に万全を期すこと。また、二次感染の防止に努めること。

（学校給食衛生管理基準　第4　1　(4)　一）

→参考：学校給食調理従事者研修マニュアル　第4章
　　　　調理場における衛生管理＆調理技術マニュアル　第6章・第7章


## 【138】　感染予防を考慮した食品の購入

三　保健所等から情報提供を受け、地域における感染症、食中毒の発生状況に応じて、食品の購入を考慮すること。

（学校給食衛生管理基準　第3　1　(2)　③　三）

→参考：学校給食調理従事者研修マニュアル　第4章
　　　　調理場における衛生管理＆調理技術マニュアル　第6章・第7章


## 【139】　地域における食中毒の発生状況と感染予防対策

三　保健所等から情報を収集し、地域における感染症、食中毒の発生状況に配慮すること。

（学校給食衛生管理基準　第3　1　(1)　三）

→参考：学校給食調理従事者研修マニュアル　第4章
　　　　調理場における衛生管理＆調理技術マニュアル　第6章・第7章

## 【140】　施設の利用者等の感染及び汚染防止対策

⑩　施設（客席等の飲食施設、ロビー等の共用施設を含む。）において利用者等が嘔吐した場合には、消毒剤を用いて迅速かつ適切に嘔吐物の処理を行うこと[注6]により、利用者及び調理従事者等へのノロウイルス感染及び施設の汚染防止に努めること。

注6：「ノロウイルスに関するＱ＆Ａ」（厚生労働省）を参照のこと。

（大量調理施設衛生管理マニュアル　Ⅱ　5　(2)　⑩）

(17)　高齢者や乳幼児が利用する施設等においては、平常時から施設長を責任者とする危機管理体制を整備し、感染拡大防止のための組織対応を文書化するとともに、具体的な対応訓練を行っておくことが望ましいこと。また、従業員あるいは利用者において下痢・嘔吐等の発生を迅速に把握するために、定常的に有症状者数を調査・監視することが望ましいこと。

（大量調理施設衛生管理マニュアル　Ⅲ　1　(17)）

→参考：学校給食調理従事者研修マニュアル　第4章
　　　　調理場における衛生管理＆調理技術マニュアル　第6章・第7章

## 【141】　おう吐時の対応

六　教職員は、児童生徒の嘔吐物のため汚れた食器具の消毒を行うなど衛生的に処理し、調理室に返却するに当たっては、その旨を明示し、その食器具を返却すること。また、嘔吐物は、調

理室には返却しないこと。

（学校給食衛生管理基準　第3　1　(5)　②　六）

> ニ　皮膚に外傷がある者を従事させる際には、当該部位を耐水性のある被覆材で覆うこと。また、おう吐物等により汚染された可能性のある食品又は添加物は廃棄すること。施設においておう吐した場合には、直ちに殺菌剤を用いて適切に消毒すること。
>
> （食品衛生法施行規則　別表17　七　ニ）

→参考：学校給食調理従事者研修マニュアル　第4章
　　　　調理場における衛生管理＆調理技術マニュアル　第6章・第7章

## 【142】　汚染食品の廃棄

> ニ　皮膚に外傷がある者を従事させる際には、当該部位を耐水性のある被覆材で覆うこと。また、おう吐物等により汚染された可能性のある食品又は添加物は廃棄すること。施設においておう吐した場合には、直ちに殺菌剤を用いて適切に消毒すること。
>
> （食品衛生法施行規則　別表17　七　ニ）

→参考：学校給食調理従事者研修マニュアル　第4章
　　　　調理場における衛生管理＆調理技術マニュアル　第6章・第7章

## 48　健康管理

## 【143】　給食を配食する者の健康管理

> (11)　給食当番等配食を行う児童生徒及び教職員の健康状態は良

好であり、服装は衛生的であること。

（学校給食衛生管理基準　第5　1　(11)）

→参考：学校給食調理場における手洗いマニュアル　1・2・4

## 【144】　給食従事者の健康管理

一　学校給食従事者については、日常的な健康状態の点検を行う
　　とともに、年1回健康診断を行うこと。また、当該健康診断を含
　　め年3回定期に健康状態を把握することが望ましい。

二　検便は、赤痢菌、サルモネラ属菌、腸管出血性大腸菌血清型
　　O157その他必要な細菌等について、毎月2回以上実施すること。

三　学校給食従事者の下痢、発熱、腹痛、嘔吐、化膿性疾患及び
　　手指等の外傷等の有無等健康状態を、毎日、個人ごとに把握す
　　るとともに、本人若しくは同居人に、感染症予防及び感染症の
　　患者に対する医療に関する法律（平成10年法律114号。以下「感
　　染症予防法」という。）に規定する感染症又はその疑いがあるか
　　どうか毎日点検し、これらを記録すること。また、下痢、発熱、
　　腹痛、嘔吐をしており、感染症予防法に規定する感染症又はそ
　　の疑いがある場合には、医療機関に受診させ感染性疾患の有無
　　を確認し、その指示を励行させること。さらに、化膿性疾患が
　　手指にある場合には、調理作業への従事を禁止すること。

四　ノロウイルスを原因とする感染性疾患による症状と診断され
　　た学校給食従事者は、高感度の検便検査においてノロウイルス
　　を保有していないことが確認されるまでの間、食品に直接触れ
　　る調理作業を控えさせるなど適切な処置をとること。また、ノ
　　ロウイルスにより発症した学校給食従事者と一緒に食事を喫食

する、又は、ノロウイルスによる発症者が家族にいるなど、同
一の感染機会があった可能性がある調理従事者について速やか
に高感度の検便検査を実施し、検査の結果ノロウイルスを保有
していないことが確認されるまでの間、調理に直接従事するこ
とを控えさせる等の手段を講じるよう努めること。

(学校給食衛生管理基準　第4　1　(3)　一〜四)

(15)　学校給食従事者の下痢、発熱、腹痛、嘔吐、化膿性疾患及
び手指等の外傷等の有無等健康状態を、毎日、個人ごとに把握
するとともに、本人若しくは同居人に感染症予防法に規定する
感染症又は、その疑いがあるかどうか毎日点検し、これらが記
録されていること。また、下痢、発熱、腹痛、嘔吐をしており、
感染症予防法に規定する感染症又はその疑いがある場合には、
医療機関に受診させ感染性疾患の有無を確認し、その指示が励
行されていること。さらに、化膿性疾患が手指にある場合には、
調理作業への従事が禁止されていること。

(学校給食衛生管理基準　第5　1　(15))

→参考：学校給食調理従事者研修マニュアル　第5章

## 【145】　調理従事者等の健康管理

(7)　責任者は、調理従事者等を含め職員の健康管理及び健康状
態の確認を組織的・継続的に行い、調理従事者等の感染及び調
理従事者等からの施設汚染の防止に努めること。

(大量調理施設衛生管理マニュアル　Ⅲ　1　(7))

（16）　施設の衛生管理全般について、専門的な知識を有する者か
　　ら定期的な指導、助言を受けることが望ましい。また、従事者
　　の健康管理については、労働安全衛生法等関係法令に基づき産
　　業医等から定期的な指導、助言を受けること。

（大量調理施設衛生管理マニュアル　Ⅲ　1　(16)）

→参考：学校給食調理従事者研修マニュアル　第5章

## 49　健康管理に関する医師の指導・助言・診断

### 【146】　産業医等からの指導・助言

（16）　施設の衛生管理全般について、専門的な知識を有する者か
　　ら定期的な指導、助言を受けることが望ましい。また、従事者
　　の健康管理については、労働安全衛生法等関係法令に基づき産
　　業医等から定期的な指導、助言を受けること。

（大量調理施設衛生管理マニュアル　Ⅲ　1　(16)）

### 【147】　健康被害の発生と医師の診断

ロ　営業者は、製品に関する消費者からの健康被害（医師の診断
　　を受け、当該症状が当該食品又は添加物に起因する又はその疑
　　いがあると診断されたものに限る。以下この号において同じ。）
　　及び法に違反する情報を得た場合には、当該情報を都道府県知
　　事等に提供するよう努めること。

（食品衛生法施行規則　別表17　九　ロ）

## 【148】　健康管理に関する医師の診断

ハ　食品等取扱者が次の症状を呈している場合は、その症状の詳細の把握に努め、当該症状が医師による診察及び食品又は添加物を取り扱う作業の中止を必要とするものか判断すること。

(1)　黄疸（だん）

(2)　下痢

(3)　腹痛

(4)　発熱

(5)　皮膚の化膿（のう）性疾患等

(6)　耳、目又は鼻からの分泌（感染性の疾患等に感染するおそれがあるものに限る。）

(7)　吐き気及びおう吐　　（食品衛生法施行規則　別表17　七　ハ）


# 50　服　装

## 【149】　給食を配食する者の服装

五　給食当番等配食を行う児童生徒及び教職員については、毎日、下痢、発熱、腹痛等の有無その他の健康状態及び衛生的な服装であることを確認すること。また、配食前、用便後の手洗いを励行させ、清潔な手指で食器及び食品を扱うようにすること。

（学校給食衛生管理基準　第3　1　(5)　②　五）

（11）　給食当番等配食を行う児童生徒及び教職員の健康状態は良
　　好であり、服装は衛生的であること。

（学校給食衛生管理基準　第5　1　（11））

## 【150】　給食従事者の服装

（14）　学校給食従事者の服装及び身体が清潔であること。また、
　　作業開始前、用便後、汚染作業区域から非汚染作業区域に移動
　　する前、食品に直接触れる作業の開始直前及び生の食肉類、魚
　　介類、卵、調理前の野菜類等に触れ、他の食品及び器具等に触
　　れる前に、手指の洗浄及び消毒が行われていること。

（学校給食衛生管理基準　第5　1　（14））

⑦　調理従事者等が着用する帽子、外衣は毎日専用で清潔なもの
　　に交換すること。

（大量調理施設衛生管理マニュアル　Ⅱ　5　（4）　⑦）

→参考：調理場における洗浄・消毒マニュアルPartⅠ　第3章

## 【151】　調理従事者の服装

⑧　下処理場から調理場への移動の際には、外衣、履き物の交換
　　等を行うこと。（履き物の交換が困難な場合には履き物の消毒
　　を必ず行うこと。）
⑨　便所には、調理作業時に着用する外衣、帽子、履き物のまま
　　入らないこと。

（大量調理施設衛生管理マニュアル　Ⅱ　5　（4）　⑧・⑨）

→参考：調理場における洗浄・消毒マニュアルPartⅠ　第3章
　　　　調理場における洗浄・消毒マニュアルPartⅡ　第3章

## 【152】　必要に応じた衛生的な服装

十一　調理に直接関係のない者を調理室に入れないこと。調理及び点検に従事しない者が、やむを得ず、調理室内に立ち入る場合には、食品及び器具等には触らせず、(3)三（※編注）に規定する学校給食従事者の健康状態等を点検し、その状態を記録すること。また、専用の清潔な調理衣、マスク、帽子及び履物を着用させること。さらに、調理作業後の調理室等は施錠するなど適切な管理を行うこと。

（学校給食衛生管理基準　第4　1　(1)　十一）

⑩　調理、点検に従事しない者が、やむを得ず、調理施設に立ち入る場合には、専用の清潔な帽子、外衣及び履き物を着用させ、手洗い及び手指の消毒を行わせること。

（大量調理施設衛生管理マニュアル　Ⅱ　5　(4)　⑩）

※編注：(3)三は以下のとおりです。

三　学校給食従事者の下痢、発熱、腹痛、嘔吐、化膿性疾患及び手指等の外傷等の有無等健康状態を、毎日、個人ごとに把握するとともに、本人若しくは同居人に、感染症予防及び感染症の患者に対する医療に関する法律（平成10年法律114号。以下「感染症予防法」という。）に規定する感染症又はその疑いがあるかどうか毎日点検し、これらを記録すること。また、下痢、発熱、腹痛、嘔吐をしており、感染症予防法に規定する感染症又はその疑いがある場合には、医療機関に受診させ感染性疾患の有無を確認し、その指示を励行させること。さらに、化膿性疾患が手指にある場合には、調理作業への従事を禁止すること。　（学校給食衛生管理基準　第4　1　(3)　三）

→参考：調理場における洗浄・消毒マニュアルPartⅠ　第3章
　　　　調理場における洗浄・消毒マニュアルPartⅡ　第3章

# 51　研　修

## 【153】　衛生管理者及び調理従事者等の研修

> (6)　責任者は、衛生管理者及び調理従事者等に対して衛生管理
> 及び食中毒防止に関する研修に参加させるなど必要な知識・技
> 術の周知徹底を図ること。
>
> （大量調理施設衛生管理マニュアル　Ⅲ　1　(6)）

→参考：学校給食調理従事者研修マニュアル　第1章
　　　　食品製造におけるHACCP入門のための手引書［大量調理施設に
　　　　おける食品の調理編］（第3版）　第2章

## 【154】　学校給食調理従事者の研修

> 2　クックチル方式により学校給食を提供する場合には、教育委
> 員会等の責任において、クックチル専用の施設設備の整備、二
> 次汚染防止のための措置、学校給食従事者の研修の実施、衛生
> 管理体制の整備等衛生管理のための必要な措置を講じたうえで
> 実施すること。　　　　　　　　（学校給食衛生管理基準　第6　2）

→参考：学校給食調理従事者研修マニュアル　第1章
　　　　食品製造におけるHACCP入門のための手引書［大量調理施設に
　　　　おける食品の調理編］（第3版）　第2章

## 【155】　学校給食調理員の研修

> 九　教育委員会等は、学校給食調理員を対象とした研修の機会が

確保されるよう努めること。また、非常勤職員等も含め可能な限り全員が等しく研修を受講できるよう配慮すること。

（学校給食衛生管理基準　第4　1　(1)　九）

→参考：学校給食調理従事者研修マニュアル　第1章
　　　　食品製造におけるHACCP入門のための手引書［大量調理施設における食品の調理編］（第3版）　第2章

## 【156】　栄養教諭等の研修

　八　教育委員会等は、栄養教諭等の衛生管理に関する専門性の向上を図るため、新規採用時及び経験年数に応じた研修その他の研修の機会が確保されるよう努めること。

（学校給食衛生管理基準　第4　1　(1)　八）

→参考：学校給食調理従事者研修マニュアル　第1章
　　　　食品製造におけるHACCP入門のための手引書［大量調理施設における食品の調理編］（第3版）　第2章

# 52　教育訓練

## 【157】　危機管理体制の整備と訓練

　(17)　高齢者や乳幼児が利用する施設等においては、平常時から施設長を責任者とする危機管理体制を整備し、感染拡大防止のための組織対応を文書化するとともに、具体的な対応訓練を行っておくことが望ましいこと。また、従業員あるいは利用者において下痢・嘔吐等の発生を迅速に把握するために、定常的に

有症状者数を調査・監視することが望ましいこと。

（大量調理施設衛生管理マニュアル　Ⅲ　1　(17)）

→参考：学校給食調理従事者研修マニュアル　第1章
　　　　食品製造におけるHACCP入門のための手引書［大量調理施設に
　　　　おける食品の調理編］（第3版）　第2章

## 【158】　食品等取扱者の教育訓練

イ　食品等取扱者に対して、衛生管理に必要な教育を実施するこ
　と。

ロ　化学物質を取り扱う者に対して、使用する化学物質を安全に
　取り扱うことができるよう教育訓練を実施すること。

ハ　イ及びロの教育訓練の効果について定期的に検証を行い、必
　要に応じて教育内容の見直しを行うこと。

（食品衛生法施行規則　別表17　十三　イ～ハ）

→参考：学校給食調理従事者研修マニュアル　第1章
　　　　食品製造におけるHACCP入門のための手引書［大量調理施設に
　　　　おける食品の調理編］（第3版）　第2章

# 53　保護者

## 【159】　保護者との連携

四　献立作成委員会を設ける等により、栄養教諭等、保護者その
　他の関係者の意見を尊重すること。

（学校給食衛生管理基準　第3　1　(1)　四）

四　校長等は、学校保健委員会等を活用するなどにより、栄養教諭等、保健主事、養護教諭等の教職員、学校医、学校歯科医、学校薬剤師、保健所長等の専門家及び保護者が連携した学校給食の衛生管理を徹底するための体制を整備し、その適切な運用を図ること。　　　　　　　（学校給食衛生管理基準　第4　1　(1)　四）

四　保護者に対しては、できるだけ速やかに患者の集団発生の状況を周知させ、協力を求めること。その際、プライバシー等人権の侵害がないよう配慮すること。

　　　　　　　　　　　　　　　　（学校給食衛生管理基準　第4　1　(4)　四）

# 第 5 章

危機管理体制

# 54　衛生管理体制の確立

## 【160】　衛生管理者の指名

(1)　調理施設の経営者又は学校長等施設の運営管理責任者（以下「責任者」という。）は、施設の衛生管理に関する責任者（以下「衛生管理者」という。）を指名すること。

　なお、共同調理施設等で調理された食品を受け入れ、提供する施設においても、衛生管理者を指名すること。

（大量調理施設衛生管理マニュアル　Ⅲ　1　(1)）

## 【161】　食材納入業者の管理

(2)　責任者は、日頃から食材の納入業者についての情報の収集に努め、品質管理の確かな業者から食材を購入すること。また、継続的に購入する場合は、配送中の保存温度の徹底を指示するほか、納入業者が定期的に行う原材料の微生物検査等の結果の提出を求めること。

（大量調理施設衛生管理マニュアル　Ⅲ　1　(2)）

## 【162】　点検表に基づく点検作業と対応措置

(3)　責任者は、衛生管理者に別紙（※編注）点検表に基づく点検作業を行わせるとともに、そのつど点検結果を報告させ、適切に点検が行われたことを確認すること。点検結果については、1年間保管すること。

(4)　責任者は、点検の結果、衛生管理者から改善不能な異常の発

生の報告を受けた場合、食材の返品、メニューの一部削除、調
理済み食品の回収等必要な措置を講ずること。

(5)　責任者は、点検の結果、改善に時間を要する事態が生じた場
合、必要な応急処置を講じるとともに、計画的に改善を行うこ
と。　　　　　（大量調理施設衛生管理マニュアル　Ⅲ　1　(3)〜(5)）

※編注：別紙は【118】の編注を参照してください。

## 【163】　労働安全衛生の体制づくり

(6)　責任者は、衛生管理者及び調理従事者等に対して衛生管理
及び食中毒防止に関する研修に参加させるなど必要な知識・技
術の周知徹底を図ること。

(7)　責任者は、調理従事者等を含め職員の健康管理及び健康状
態の確認を組織的・継続的に行い、調理従事者等の感染及び調
理従事者等からの施設汚染の防止に努めること。

(8)　責任者は、衛生管理者に毎日作業開始前に、各調理従事者等
の健康状態を確認させ、その結果を記録させること。

(9)　責任者は、調理従事者等に定期的な健康診断及び月に1回以
上の検便を受けさせること。検便検査には、腸管出血性大腸菌
の検査を含めることとし、10月から3月の間には月に1回以上又
は必要に応じてノロウイルスの検便検査を受けさせるよう努め
ること。

(10)　責任者は、ノロウイルスの無症状病原体保有者であること
が判明した調理従事者等を、検便検査においてノロウイルスを
保有していないことが確認されるまでの間、食品に直接触れる
調理作業を控えさせるなど適切な措置をとることが望ましいこ
と。

(11)　責任者は、調理従事者等が下痢、嘔吐、発熱などの症状が
あった時、手指等に化膿創があった時は調理作業に従事させな
いこと。

(12)　責任者は、下痢又は嘔吐等の症状がある調理従事者等につ
いて、直ちに医療機関を受診させ、感染性疾患の有無を確認す
ること。ノロウイルスを原因とする感染性疾患による症状と診
断された調理従事者等は、検便検査においてノロウイルスを保
有していないことが確認されるまでの間、食品に直接触れる調
理作業を控えさせるなど適切な処置をとることが望ましいこ
と。

(13)　責任者は、調理従事者等について、ノロウイルスにより発
症した調理従事者等と一緒に感染の原因と考えられる食事を喫
食するなど、同一の感染機会があった可能性がある調理従事者
等について速やかにノロウイルスの検便検査を実施し、検査の
結果ノロウイルスを保有していないことが確認されるまでの
間、調理に直接従事することを控えさせる等の手段を講じるこ
とが望ましいこと。

（大量調理施設衛生管理マニュアル　Ⅲ　1　(6)～(13)）

## 【164】　献立ごとの調理工程表の作成

(14)　献立の作成に当たっては、施設の人員等の能力に余裕を持
った献立作成を行うこと。

(15)　献立ごとの調理工程表の作成に当たっては、次の事項に留
意すること。

ア　調理従事者等の汚染作業区域から非汚染作業区域への移動

を極力行わないようにすること。

イ　調理従事者等の一日ごとの作業の分業化を図ることが望ましいこと。

ウ　調理終了後速やかに喫食されるよう工夫すること。

　　また、衛生管理者は調理工程表に基づき、調理従事者等と作業分担等について事前に十分な打合せを行うこと。

　　　　　　　（大量調理施設衛生管理マニュアル　Ⅲ　1　(14)・(15)）

## 【165】　危機管理体制の留意事項

(16)　施設の衛生管理全般について、専門的な知識を有する者から定期的な指導、助言を受けることが望ましい。また、従事者の健康管理については、労働安全衛生法等関係法令に基づき産業医等から定期的な指導、助言を受けること。

(17)　高齢者や乳幼児が利用する施設等においては、平常時から施設長を責任者とする危機管理体制を整備し、感染拡大防止のための組織対応を文書化するとともに、具体的な対応訓練を行っておくことが望ましいこと。また、従業員あるいは利用者において下痢・嘔吐等の発生を迅速に把握するために、定常的に有症状者数を調査・監視することが望ましいこと。

　　　　　　　（大量調理施設衛生管理マニュアル　Ⅲ　1　(16)・(17)）

## 【166】　食品衛生責任者の設置

イ　法第51条第1項（※編注1）に規定する営業を行う者（法第68条第3項（※編注2）において準用する場合を含む。以下この表

において「営業者」という。）は、食品衛生責任者を定めること。ただし、第66条の2第4項各号（※編注3）に規定する営業者についてはこの限りではない。なお、法第48条（※編注4）に規定する食品衛生管理者は、食品衛生責任者を兼ねることができる。

（食品衛生法施行規則　別表17　一　イ）


ハ　食品衛生責任者は次に掲げる事項を遵守すること。

（1）　都道府県知事等が行う講習会又は都道府県知事等が認める講習会を定期的に受講し、食品衛生に関する新たな知見の習得に努めること（法第54条（※編注5）の営業（法第68条第3項において準用する場合を含む。）に限る。）。

（2）　営業者の指示に従い、衛生管理に当たること。

ニ　営業者は、食品衛生責任者の意見を尊重すること。

ホ　食品衛生責任者は、第66条の2第3項（※編注6）に規定された措置の遵守のために、必要な注意を行うとともに、営業者に対し必要な意見を述べるよう努めること。

（食品衛生法施行規則　別表17　一　ハ～ホ）

※編注1：法第51条第1項は【119】の編注1を参照してください。
※編注2：法第68条第3項は【119】の編注2を参照してください。
※編注3：第66条の2第4項各号は【119】の編注3を参照してください。
※編注4：法第48条は【119】の編注4を参照してください。
※編注5：法第54条は【121】の編注1を参照してください。
※編注6：第66条の2第3項は【121】の編注3を参照してください。

## 55　食中毒・感染症発生時の対応

### 【167】　食中毒の集団発生の際の措置

一　教育委員会等、学校医、保健所等に連絡するとともに、患者の措置に万全を期すこと。また、二次感染の防止に努めること。

二　学校医及び保健所等と相談の上、医療機関を受診させるとともに、給食の停止、当該児童生徒の出席停止及び必要に応じて臨時休業、消毒その他の事後措置の計画を立て、これに基づいて食中毒の拡大防止の措置を講じること。

三　校長の指導のもと養護教諭等が児童生徒の症状の把握に努める等関係職員の役割を明確にし、校内組織等に基づいて学校内外の取組体制を整備すること。

四　保護者に対しては、できるだけ速やかに患者の集団発生の状況を周知させ、協力を求めること。その際、プライバシー等人権の侵害がないよう配慮すること。

五　食中毒の発生原因については、保健所等に協力し、速やかに明らかとなるように努め、その原因の除去、予防に努めること。

（学校給食衛生管理基準　第4　1　(4)　一～五）

### 【168】　感染症等発生時の対応

2　学校給食衛生管理の維持改善を図るため、次のような場合、必要があるときは臨時衛生検査を行うものとする。

①　感染症・食中毒の発生のおそれがあり、また、発生したとき。

② 風水害等により環境が不潔になり、又は汚染され、感染症の発生のおそれがあるとき。

③ その他必要なとき。

　また、臨時衛生検査は、その目的に即して必要な検査項目を設定し、その検査項目の実施に当たっては、定期的に行う衛生検査に準じて行うこと。　（学校給食衛生管理基準　第5　2）

## 【169】　食中毒処理要領（※編注）

　Ⅰ　趣　　旨

　Ⅱ　食中毒発生時の対策要綱の策定

　　1　対策の基本方針

　　2　集団発生時の対策本部の設置要項

　　3　平常時における準備等

　Ⅲ　発生の探知、発見

　　1　医師の届出の励行

　　2　医師の届出以外の探知

　Ⅳ　発生の報告、連絡

　　1　保健所

　　2　都道府県等の食品衛生主管部局

　　3　地方厚生局

　　4　厚生労働省本省

　Ⅴ　調　　査

　　1　調査実施体制

　　2　原因の追求

　Ⅵ　措　　置

※編注：食中毒処理要領については、食中毒発生時の対応として通知全文
にわたっての参照が必要なため、目次のみを抜粋して掲載しまし
た。なお、通知全文は後掲参考資料に登載しています。

## 【170】　食中毒調査マニュアル（※編注）

食中毒調査マニュアルチェックリスト（3）調査2

食中毒調査マニュアルチェックリスト（4）検体

（食中毒調査マニュアル）

※編注：食中毒調査マニュアルについては、食中毒発生時の対応として通知全文にわたっての参照が必要なため、目次のみを抜粋して掲載しました。なお、通知全文は後掲参考資料に登載しています。

# 56　ノロウイルス

## 【171】　調理従事者等の衛生管理

①　調理従事者等は、便所及び風呂等における衛生的な生活環境を確保すること。また、ノロウイルスの流行期には十分に加熱された食品を摂取する等により感染防止に努め、徹底した手洗いの励行を行うなど自らが施設や食品の汚染の原因とならないように措置するとともに、体調に留意し、健康な状態を保つように努めること。

②　調理従事者等は、毎日作業開始前に、自らの健康状態を衛生管理者に報告し、衛生管理者はその結果を記録すること。

（大量調理施設衛生管理マニュアル　Ⅱ　5　（4）　①・②）

→参考：調理場における洗浄・消毒マニュアルPartⅠ　第2章
　　　　調理場における洗浄・消毒マニュアルPartⅡ　第4章

## 【172】　検便検査の期間

③　調理従事者等は臨時職員も含め、定期的な健康診断及び月に

1回以上の検便を受けること。検便検査<sup>注7</sup>には、腸管出血性大腸菌の検査を含めることとし、10月から3月までの間には月に1回以上又は必要に応じて<sup>注8</sup>ノロウイルスの検便検査に努めること。

注7：ノロウイルスの検査に当たっては、遺伝子型によらず、概ね便1g当たり105オーダーのノロウイルスを検出できる検査法を用いることが望ましい。ただし、検査結果が陰性であっても検査感度によりノロウイルスを保有している可能性を踏まえた衛生管理が必要である。

注8：ノロウイルスの検便検査の実施に当たっては、調理従事者の健康確認の補完手段とする場合、家族等に感染性胃腸炎が疑われる有症者がいる場合、病原微生物検出情報においてノロウイルスの検出状況が増加している場合などの各食品等事業者の事情に応じ判断すること。

（大量調理施設衛生管理マニュアル　Ⅱ　5　(4)　③)

→参考：調理場における洗浄・消毒マニュアルPartⅠ　第2章
　　　　調理場における洗浄・消毒マニュアルPartⅡ　第4章

## 【173】　無症状病原体保有者の対応

④　ノロウイルスの無症状病原体保有者であることが判明した調理従事者等は、検便検査においてノロウイルスを保有していないことが確認されるまでの間、食品に直接触れる調理作業を控えるなど適切な措置をとることが望ましいこと。

（大量調理施設衛生管理マニュアル　Ⅱ　5　(4)　④)

→参考：調理場における洗浄・消毒マニュアルPartⅠ　第2章
　　　　調理場における洗浄・消毒マニュアルPartⅡ　第4章

## 【174】　下痢又はおう吐等の症状発生時の対応

⑤　調理従事者等は下痢、嘔吐、発熱などの症状があった時、手指等に化膿創があった時は調理作業に従事しないこと。

⑥　下痢又は嘔吐等の症状がある調理従事者等については、直ちに医療機関を受診し、感染性疾患の有無を確認すること。ノロウイルスを原因とする感染性疾患による症状と診断された調理従事者等は、検便検査においてノロウイルスを保有していないことが確認されるまでの間、食品に直接触れる調理作業を控えるなど適切な処置をとることが望ましいこと。

（大量調理施設衛生管理マニュアル　Ⅱ　5　(4)　⑤・⑥）

→参考：調理場における洗浄・消毒マニュアルPartⅠ　第2章
　　　　調理場における洗浄・消毒マニュアルPartⅡ　第4章

## 【175】　外衣、帽子、履物の運用

⑦　調理従事者等が着用する帽子、外衣は毎日専用で清潔なものに交換すること。

⑧　下処理場から調理場への移動の際には、外衣、履き物の交換等を行うこと。（履き物の交換が困難な場合には履き物の消毒を必ず行うこと。）

⑨　便所には、調理作業時に着用する外衣、帽子、履き物のまま入らないこと。

⑩　調理、点検に従事しない者が、やむを得ず、調理施設に立ち入る場合には、専用の清潔な帽子、外衣及び履き物を着用させ、

手洗い及び手指の消毒を行わせること。

（大量調理施設衛生管理マニュアル　Ⅱ　5　（4）　⑦〜⑩）

→参考：調理場における洗浄・消毒マニュアルPartⅠ　第2章
　　　　調理場における洗浄・消毒マニュアルPartⅡ　第4章

## 【176】　食中毒発生時の原因究明の原則

⑪　食中毒が発生した時の原因究明を確実に行うため、原則とし
　　て、調理従事者等は当該施設で調理された食品を喫食しないこ
　　と。

　　ただし、原因究明に支障を来さないための措置が講じられて
　　いる場合はこの限りでない。（試食担当者を限定すること等）

（大量調理施設衛生管理マニュアル　Ⅱ　5　（4）　⑪）

→参考：調理場における洗浄・消毒マニュアルPartⅠ　第2章
　　　　調理場における洗浄・消毒マニュアルPartⅡ　第4章

## 【177】　調理従事者の健康確認の補完手段

注8：ノロウイルスの検便検査の実施に当たっては、調理従事者の
　　　健康確認の補完手段とする場合、家族等に感染性胃腸炎が疑
　　　われる有症者がいる場合、病原微生物検出情報においてノロ
　　　ウイルスの検出状況が増加している場合などの各食品等事
　　　業者の事情に応じ判断すること。

（大量調理施設衛生管理マニュアル　Ⅱ　5　（4）　注8）

→参考：調理場における洗浄・消毒マニュアルPartⅠ　第2章
　　　　調理場における洗浄・消毒マニュアルPartⅡ　第4章

# 57　非常災害時対応

## 【178】　使用水等の管理

ロ　飲用に適する水を使用する場合にあつては、1年1回以上水質検査を行い、成績書を1年間（取り扱う食品又は添加物が使用され、又は消費されるまでの期間が1年以上の場合は、当該期間）保存すること。ただし、不慮の災害により水源等が汚染されたおそれがある場合にはその都度水質検査を行うこと。

（食品衛生法施行規則　別表17　四　ロ）

# 第 6 章

検査・点検

190

# 58　検査・点検

## 【179】　施設・設備等の点検

> 2　学校薬剤師等の協力を得て(1)（※編注1）の各号に掲げる事項について、毎学年1回定期に、(2)（※編注2）及び(3)（※編注3）の各号に掲げる事項については、毎学年3回定期に、検査を行い、その実施記録を保管すること。　（学校給食衛生管理基準　第2　2）
>
>
> 第5　日常及び臨時の衛生検査
> 1　学校給食衛生管理の維持改善を図るため、次に掲げる項目について、毎日点検を行うものとする。
> 　(1)　学校給食の施設及び設備は、清潔で衛生的であること。また、調理室及び食品の保管室の温度及び湿度、冷蔵庫及び冷凍庫内部の温度を適切に保ち、これらの温度及び湿度が記録されていること。
> 　(4)　調理室には、調理作業に不必要な物品等を置いていないこと。
> 　(6)　食品等は、清潔な場所に食品の分類ごとに区分され衛生的な状態で保管されていること。
> 　(7)　下処理、調理、配食は、作業区分ごとに衛生的に行われていること。　（学校給食衛生管理基準　第5　1　(1)・(4)・(6)・(7)）
>
>
> ・調理施設の点検表（※編注4）
>
> 　　　　　　　　　　　　　　（大量調理施設衛生管理マニュアル　別紙）

・調理器具等及び使用水の点検表（※編注5）

（大量調理施設衛生管理マニュアル　別紙）

※編注1：(1)は学校給食衛生管理基準　第2　1　(1)を指します。
※編注2：(2)は学校給食衛生管理基準　第2　1　(2)を指します。
※編注3：(3)は学校給食衛生管理基準　第2　1　(3)を指します。

※編注4：調理施設の点検表は以下のとおりです。

（別紙）

**調理施設の点検表**　　　　　　　　　　　平成　　年　　月　　日

| 責任者 | 衛生管理者 |
|---|---|
|  |  |

### 1. 毎日点検

| | 点　検　項　目 | 点検結果 |
|---|---|---|
| 1 | 施設へのねずみや昆虫の侵入を防止するための設備に不備はありませんか。 | |
| 2 | 施設の清掃は、全ての食品が調理場内から完全に搬出された後、適切に実施されましたか。（床面、内壁のうち床面から1m以内の部分及び手指の触れる場所） | |
| 3 | 施設に部外者が入ったり、調理作業に不必要な物品が置かれていたりしませんか。 | |
| 4 | 施設は十分な換気が行われ、高温多湿が避けられていますか。 | |
| 5 | 手洗い設備の石けん、爪ブラシ、ペーパータオル、殺菌液は適切ですか。 | |

### 2. 1カ月ごとの点検

| | | 点検結果 |
|---|---|---|
| 1 | 巡回点検の結果、ねずみや昆虫の発生はありませんか。 | |
| 2 | ねずみや昆虫の駆除は半年以内に実施され、その記録が1年以上保存されていますか。 | |
| 3 | 汚染作業区域と非汚染作業区域が明確に区別されていますか。 | |
| 4 | 各作業区域の入り口手前に手洗い設備、履き物の消毒設備（履き物の交換が困難な場合に限る。）が設置されていますか。 | |
| 5 | シンクは用途別に相互汚染しないように設置されていますか。加熱調理用食材、非加熱調理用食材、器具の洗浄等を行うシンクは別に設置されていますか。 | |
| 6 | シンク等の排水口は排水が飛散しない構造になっていますか。 | |
| 7 | 全ての移動性の器具、容器等を衛生的に保管するための設備が設けられていますか。 | |
| 8 | 便所には、専用の手洗い設備、専用の履き物が備えられていますか。 | |
| 9 | 施設の清掃は、全ての食品が調理場内から完全に排出された後、適切に実施されましたか。（天井、内壁のうち床面から1m以上の部分） | |

### 3. 3カ月ごとの点検

| | | 点検結果 |
|---|---|---|
| 1 | 施設は隔壁等により、不潔な場所から完全に区別されていますか。 | |
| 2 | 施設の床面は排水が容易に行える構造になっていますか。 | |
| 3 | 便所、休憩室及び更衣室は、隔壁により食品を取り扱う場所と区分されていますか。 | |

〈改善を行った点〉

〈計画的に改善すべき点〉

（大量調理施設衛生管理マニュアル　別紙）

※編注5：調理器具等及び使用水の点検表は以下のとおりです。

## 調理器具等及び使用水の点検表

平成　　年　　月　　日

| 責任者 | 衛生管理者 |
|---|---|
|  |  |

① 調理器具、容器等の点検表

| | 点 検 項 目 | 点検結果 |
|---|---|---|
| 1 | 包丁、まな板等の調理器具は用途別及び食品別に用意し、混同しないように使用されていますか。 | |
| 2 | 調理器具、容器等は作業動線を考慮し、予め適切な場所に適切な数が配置されていますか。 | |
| 3 | 調理器具、容器等は使用後（必要に応じて使用中）に洗浄・殺菌し、乾燥されていますか。 | |
| 4 | 調理場内における器具、容器等の洗浄・殺菌は、全ての食品が調理場から搬出された後、行っていますか。（使用中等やむをえない場合は、洗浄水等が飛散しないように行うこと。） | |
| 5 | 調理機械は、最低1日1回以上、分解して洗浄・消毒し、乾燥されていますか。 | |
| 6 | 全ての調理器具、容器等は衛生的に保管されていますか。 | |

② 使用水の点検表

| 採取場所 | 採取時期 | 色 | 濁り | 臭い | 異物 | 残留塩素濃度 |
|---|---|---|---|---|---|---|
|  |  |  |  |  |  | mg／ℓ |
|  |  |  |  |  |  | mg／ℓ |
|  |  |  |  |  |  | mg／ℓ |
|  |  |  |  |  |  | mg／ℓ |

③ 井戸水、貯水槽の点検表（月1回点検）

| | 点 検 項 目 | 点検結果 |
|---|---|---|
| 1 | 水道事業により供給される水以外の井戸水等の水を使用している場合には、半年以内に水質検査が実施されていますか。 | |
| | 検査結果は1年間保管されていますか。 | |
| 2 | 貯水槽は清潔を保持するため、1年以内に清掃が実施されていますか。 | |
| | 清掃した証明書は1年間保管されていますか。 | |

〈改善を行った点〉


〈計画的に改善すべき点〉


（大量調理施設衛生管理マニュアル　別紙）

→参考：学校給食調理従事者研修マニュアル　第7章
　　　　食品製造におけるHACCP入門のための手引書［大量調理施設に
　　　　おける食品の調理編］（第3版）　第2章・第3章
　　　　調理場における洗浄・消毒マニュアルPartⅡ　第4章

## 【180】　計器類の点検

> ニ　温度計、圧力計、流量計等の計器類及び滅菌、殺菌、除菌又
> 　は浄水に用いる装置にあつては、その機能を定期的に点検し、
> 　点検の結果を記録すること。
>
> （食品衛生法施行規則　別表17　三　ニ）

→参考：学校給食調理従事者研修マニュアル　第7章
　　　　食品製造におけるHACCP入門のための手引書［大量調理施設に
　　　　おける食品の調理編］（第3版）　第3章

## 【181】　放射線照射業における吸収線量の点検

> ル　食品の放射線照射業にあつては、営業日ごとに1回以上化学
> 　線量計を用いて吸収線量を確認し、その結果の記録を2年間保
> 　存すること。　　　　（食品衛生法施行規則　別表17　三　ル）

## 【182】　臨時衛生検査

> 2　学校給食衛生管理の維持改善を図るため、次のような場合、必
> 　要があるときは臨時衛生検査を行うものとする。
> ①　感染症・食中毒の発生のおそれがあり、また、発生したとき。
> ②　風水害等により環境が不潔になり、又は汚染され、感染症の
> 　発生のおそれがあるとき。

③　その他必要なとき。

　　また、臨時衛生検査は、その目的に即して必要な検査項目を設定し、その検査項目の実施に当たっては、定期的に行う衛生検査に準じて行うこと。
（学校給食衛生管理基準　第5　2）

→参考：学校給食調理従事者研修マニュアル　第7章


## 59　記　録

### 【183】　施設設備の温度・湿度管理の記録

一　調理作業時においては、調理室内の温度及び湿度を確認し、その記録を行うこと。また、換気を行うこと。
（学校給食衛生管理基準　第3　1　(4)　④　一）

(1)　学校給食の施設及び設備は、清潔で衛生的であること。また、調理室及び食品の保管室の温度及び湿度、冷蔵庫及び冷凍庫内部の温度を適切に保ち、これらの温度及び湿度が記録されていること。
（学校給食衛生管理基準　第5　1　(1)）

→参考：食品製造におけるHACCP入門のための手引書［大量調理施設における食品の調理編］（第3版）　第3章


### 【184】　使用水の検査記録

(3)　使用水に関しては、調理開始前に十分流水した後及び調理終了後に遊離残留塩素が0.1mg／L以上であること並びに外観、臭気、味等について水質検査が実施され、記録されていること。
（学校給食衛生管理基準　第5　1　(3)）

ロ　飲用に適する水を使用する場合にあつては、1年1回以上水質検査を行い、成績書を1年間（取り扱う食品又は添加物が使用され、又は消費されるまでの期間が1年以上の場合は、当該期間）保存すること。ただし、不慮の災害により水源等が汚染されたおそれがある場合にはその都度水質検査を行うこと。

ハ　ロの検査の結果、イ（※編注）の条件を満たさないことが明らかとなつた場合は、直ちに使用を中止すること。

ホ　飲用に適する水を使用する場合で殺菌装置又は浄水装置を設置している場合には、装置が正常に作動しているかを定期的に確認し、その結果を記録すること。

（食品衛生法施行規則　別表17　四　ロ・ハ・ホ）

※編注：イは【20】の編注を参照してください。

→参考：食品製造におけるHACCP入門のための手引書［大量調理施設における食品の調理編］（第3版）　第3章

## 【185】　加熱・冷却の温度及び時間の記録

(9)　加熱、冷却が適切に行われていること。また、加熱すべき食品は加熱されていること。さらに、その温度と時間が記録されていること。　　　　　（学校給食衛生管理基準　第5　1　(9)）

→参考：食品製造におけるHACCP入門のための手引書［大量調理施設における食品の調理編］（第3版）　第3章

## 【186】　保存食に関する記録

三　保存食については、原材料、加工食品及び調理済食品が全て

保管されているか並びに廃棄した日時を記録すること。

（学校給食衛生管理基準　第3　1　(6)　②　三）

(13)　保存食は、適切な方法で、2週間以上保存され、かつ記録されていること。　　　（学校給食衛生管理基準　第5　1　(13)）

ロ　イ（※編注）の場合、調理した食品の提供先、提供時刻（調理した食品を運送し、提供する場合にあつては、当該食品を搬出した時刻）及び提供した数量を記録し保存すること。

（食品衛生法施行規則　別表17　八　ロ）

※編注：イは以下のとおりです。

イ　同一の食品を1回300食又は1日750食以上調理し、提供する営業者にあつては、原材料及び調理済の食品ごとに適切な期間保存すること。なお、原材料は、洗浄殺菌等を行わず、購入した状態で保存すること。　　　（食品衛生法施行規則　別表17　八　イ）

→参考：食品製造におけるHACCP入門のための手引書［大量調理施設における食品の調理編］（第3版）　第3章

## 【187】　給食従事者の健康状態・感染症の点検と記録

(15)　学校給食従事者の下痢、発熱、腹痛、嘔吐、化膿性疾患及び手指等の外傷等の有無等健康状態を、毎日、個人ごとに把握するとともに、本人若しくは同居人に感染症予防法に規定する感染症又は、その疑いがあるかどうか毎日点検し、これらが記録されていること。また、下痢、発熱、腹痛、嘔吐をしており、

感染症予防法に規定する感染症又はその疑いがある場合には、医療機関に受診させ感染性疾患の有無を確認し、その指示が励行されていること。さらに、化膿性疾患が手指にある場合には、調理作業への従事が禁止されていること。

(学校給食衛生管理基準　第5　1　(15))

1　本基準（※編注）に基づく記録は、1年間保存すること。

(学校給食衛生管理基準　第6　1)

※編注：本基準とは学校給食衛生管理基準を指します。
→参考：食品製造におけるHACCP入門のための手引書［大量調理施設における食品の調理編］（第3版）　第3章

## 【188】　食品・原材料の点検・記録・保管

(5)　食品については、品質、鮮度、箱、袋の汚れ、破れその他の包装容器等の状況、異物混入及び異臭の有無、消費期限、賞味期限の異常の有無等を点検するための検収が適切に行われていること。また、それらが記録されていること。

(学校給食衛生管理基準　第5　1　(5))

(1)　原材料については、品名、仕入元の名称及び所在地、生産者（製造又は加工者を含む。）の名称及び所在地、ロットが確認可能な情報（年月日表示又はロット番号）並びに仕入れ年月日を記録し、1年間保管すること。

(2)　原材料について納入業者が定期的に実施する微生物及び理化学検査の結果を提出させること。その結果については、保健

所に相談するなどして、原材料として不適と判断した場合には、納入業者の変更等適切な措置を講じること。検査結果については、1年間保管すること。

(4)　原材料の納入に際しては調理従事者等が必ず立ち合い、検収場で品質、鮮度、品温（納入業者が運搬の際、別添1（※編注）に従い、適切な温度管理を行っていたかどうかを含む。）、異物の混入等につき、点検を行い、その結果を記録すること。

（大量調理施設衛生管理マニュアル　Ⅱ　1　(1)・(2)・(4)）


イ　同一の食品を1回300食又は1日750食以上調理し、提供する営業者にあつては、原材料及び調理済の食品ごとに適切な期間保存すること。なお、原材料は、洗浄殺菌等を行わず、購入した状態で保存すること。

ロ　イの場合、調理した食品の提供先、提供時刻（調理した食品を運送し、提供する場合にあつては、当該食品を搬出した時刻）及び提供した数量を記録し保存すること。

（食品衛生法施行規則　別表17　八　イ・ロ）

※編注：別添1は以下のとおりです。

（別添１）原材料、製品等の保存温度

| 食　品　名 | 保存温度 |
|---|---|
| 穀類加工品（小麦粉、デンプン）<br>砂　　　　　　　　　糖 | 室温<br>室温 |
| 食　　肉　・　　鯨　　肉<br>細切した食肉・鯨肉を凍結したものを容器包装に入れたもの<br>食　　肉　　製　　品<br>鯨　　肉　　製　　品<br>冷　凍　食　肉　製　品<br>冷　凍　鯨　肉　製　品 | 10℃以下<br>－15℃以下<br>10℃以下<br>10℃以下<br>－15℃以下<br>－15℃以下 |
| ゆ　　で　　だ　　こ<br>冷　凍　ゆ　で　だ　こ<br>生　食　用　か　き<br>生　食　用　冷　凍　か　き<br>冷　凍　食　品 | 10℃以下<br>－15℃以下<br>10℃以下<br>－15℃以下<br>－15℃以下 |
| 魚肉ソーセージ、魚肉ハム及び特殊包装かまぼこ<br>冷凍魚肉ねり製品 | 10℃以下<br>－15℃以下 |
| 液　　状　　油　　脂<br>固　　形　　油　　脂<br>（ラード、マーガリン、ショートニング、カカオ脂） | 室温<br>10℃以下 |
| 殻　　　　付　　　　卵<br>液　　　　　　　　卵<br>凍　　　　結　　　　卵<br>乾　　　　燥　　　　卵 | 10℃以下<br>8℃以下<br>－18℃以下<br>室温 |
| ナ　　ッ　　ツ　　類<br>チ　ョ　コ　レ　ー　ト | 15℃以下<br>15℃以下 |
| 生　鮮　果　実　・　野　菜<br>生　鮮　魚　介　類　（生食用鮮魚介類を含む。） | 10℃前後<br>5℃以下 |
| 乳　・　濃　縮　乳<br>脱　　脂　　乳<br>ク　リ　ー　ム | 10℃以下 |
| バ　　タ　　ー<br>チ　ー　ズ<br>練　　乳 | 15℃以下 |
| 清　涼　飲　料　水<br>（食品衛生法の食品、添加物等の規格基準に規定のあるものについては、当該保存基準に従うこと。） | 室温 |

（大量調理施設衛生管理マニュアル　別添1）

→参考：食品製造におけるHACCP入門のための手引書［大量調理施設における食品の調理編］（第3版）　第3章

## 【189】　加熱調理食品の温度管理・記録

　　加熱調理食品は、別添2（※編注）に従い、中心部温度計を用いるなどにより、中心部が75℃で1分間以上（二枚貝等ノロウイルス汚染のおそれのある食品の場合は85〜90℃で90秒間以上）又はこれと同等以上まで加熱されていることを確認するとともに、温度と時間の記録を行うこと。

（大量調理施設衛生管理マニュアル　Ⅱ　2）

※編注：別添2の該当部分は以下のとおりです。

（加熱調理食品の中心温度及び加熱時間の記録マニュアル）
1. 揚げ物
　① 　油温が設定した温度以上になったことを確認する。
　② 　調理を開始した時間を記録する。
　③ 　調理の途中で適当な時間を見はからって食品の中心温度を校正された温度計で3点以上測定し、全ての点において75℃以上に達していた場合には、それぞれの中心温度を記録するとともに、その時点からさらに1分以上加熱を続ける（二枚貝等ノロウイルス汚染のおそれのある食品の場合は85〜90℃で90秒間以上）。
　④ 　最終的な加熱処理時間を記録する。
　⑤ 　なお、複数回同一の作業を繰り返す場合には、油温が設定した温度以上であることを確認・記録し、①〜④で設定した条件に基づき、加熱処理を行う。油温が設定した温度以上に達していない場合には、油温を上昇させるため必要な措置を講ずる。
2. 焼き物及び蒸し物
　① 　調理を開始した時間を記録する。
　② 　調理の途中で適当な時間を見はからって食品の中心温度を校正

された温度計で3点以上測定し、全ての点において75℃以上に達していた場合には、それぞれの中心温度を記録するとともに、その時点からさらに1分以上加熱を続ける（二枚貝等ノロウイルス汚染のおそれのある食品の場合は85～90℃で90秒間以上）。

③　最終的な加熱処理時間を記録する。

④　なお、複数回同一の作業を繰り返す場合には、①～③で設定した条件に基づき、加熱処理を行う。この場合、中心温度の測定は、最も熱が通りにくいと考えられる場所の一点のみでもよい。

3. 煮物及び炒め物

調理の順序は食肉類の加熱を優先すること。食肉類、魚介類、野菜類の冷凍品を使用する場合には、十分解凍してから調理を行うこと。

①　調理の途中で適当な時間を見はからって、最も熱が通りにくい具材を選び、食品の中心温度を校正された温度計で3点以上（煮物の場合は1点以上）測定し、全ての点において75℃以上に達していた場合には、それぞれの中心温度を記録するとともに、その時点からさらに1分以上加熱を続ける（二枚貝等ノロウイルス汚染のおそれのある食品の場合は85～90℃で90秒間以上）。

なお、中心温度を測定できるような具材がない場合には、調理釜の中心付近の温度を3点以上（煮物の場合は1点以上）測定する。

②　複数回同一の作業を繰り返す場合にも、同様に点検・記録を行う。
（大量調理施設衛生管理マニュアル　別添2）

→参考：食品製造におけるHACCP入門のための手引書［大量調理施設における食品の調理編］（第3版）　第3章

## 【190】　加熱調理後冷却する食品の温度管理・記録

三　加熱調理後冷却する必要のある食品については、冷却機等を用いて温度を下げ、調理用冷蔵庫で保管し、食中毒菌等の発育至適温度帯の時間を可能な限り短くすること。また、加熱終了

時、冷却開始時及び冷却終了時の温度及び時間を記録すること。

（学校給食衛生管理基準　第3　1　(4)　④　三）

→参考：食品製造におけるHACCP入門のための手引書［大量調理施設における食品の調理編］（第3版）　第3章

## 【191】　配食までの温度管理・記録

五　調理後の食品は、適切な温度管理を行い、調理後2時間以内に給食できるよう努めること。また、配食の時間を毎日記録すること。さらに、共同調理場においては、調理場搬出時及び受配校搬入時の時間を毎日記録するとともに、温度を定期的に記録すること。　　　　　　（学校給食衛生管理基準　第3　1　(4)　④　五）

(12)　調理終了後速やかに給食されるよう配送及び配食され、その時刻が記録されていること。さらに、給食前に責任者を定めて検食が行われていること。

（学校給食衛生管理基準　第5　1　(12)）

→参考：食品製造におけるHACCP入門のための手引書［大量調理施設における食品の調理編］（第3版）　第3章

## 【192】　衛生管理者による点検の実施と記録・保管

(3)　責任者は、衛生管理者に別紙（※編注）点検表に基づく点検作業を行わせるとともに、そのつど点検結果を報告させ、適切に点検が行われたことを確認すること。点検結果については、1年間保管すること。

（大量調理施設衛生管理マニュアル　Ⅲ　1　(3)）

（8）　責任者は、衛生管理者に毎日作業開始前に、各調理従事者等
の健康状態を確認させ、その結果を記録させること。

（大量調理施設衛生管理マニュアル　Ⅲ　1　（8））

※編注：別紙は【118】の編注を参照してください。
→参考：食品製造におけるHACCP入門のための手引書［大量調理施設に
おける食品の調理編］（第3版）　第3章

## 【193】　危害要因分析・重要管理点方式を用いる場合の記録の作成

一　危害要因の分析

食品又は添加物の製造、加工、調理、運搬、貯蔵又は販売の
工程ごとに、食品衛生上の危害を発生させ得る要因（以下この
表において「危害要因」という。）の一覧表を作成し、これらの
危害要因を管理するための措置（以下この表において「管理措
置」という。）を定めること。

二　重要管理点の決定

前号で特定された危害要因につき、その発生を防止し、排除
し、又は許容できる水準にまで低減するために管理措置を講ず
ることが不可欠な工程（以下この表において「重要管理点」と
いう。）を決定すること。

三　管理基準の設定

個々の重要管理点における危害要因につき、その発生を防止
し、排除し、又は許容できる水準にまで低減するための基準（以
下この表において「管理基準」という。）を設定すること。

四　モニタリング方法の設定

重要管理点の管理について、連続的な又は相当の頻度による
実施状況の把握（以下この表において「モニタリング」という。）

をするための方法を設定すること。

五　改善措置の設定

　　個々の重要管理点において、モニタリングの結果、管理基準を逸脱したことが判明した場合の改善措置を設定すること。

六　検証方法の設定

　　前各号に規定する措置の内容の効果を、定期的に検証するための手順を定めること。

七　記録の作成

　　営業の規模や業態に応じて、前各号に規定する措置の内容に関する書面とその実施の記録を作成すること。

八　令第34条の2（※編注1）に規定する営業者

　　令第34条の2に規定する営業者（第66条の4第2号（※編注2）に規定する規模の添加物を製造する営業者を含む。）にあつては、その取り扱う食品の特性又は営業の規模に応じ、前各号に掲げる事項を簡略化して公衆衛生上必要な措置を行うことができる。

（食品衛生法施行規則　別表18　一〜八）

※編注1：令第34条の2は【41】の編注1を参照してください。
※編注2：第66条の4第2号は【41】の編注2を参照してください。
→参考：食品製造におけるHACCP入門のための手引書［大量調理施設における食品の調理編］（第3版）　第3章

## 【194】　その他記録の作成及び保存

　イ　食品衛生上の危害の発生の防止に必要な限度において、取り扱う食品又は添加物に係る仕入元、製造又は加工等の状態、出荷又は販売先その他必要な事項に関する記録を作成し、保存するよう努めること。

> ロ　製造し、又は加工した製品について自主検査を行つた場合に
> は、その記録を保存するよう努めること。
>
> 　　　　　　　　（食品衛生法施行規則　別表17　十四　イ・ロ）

→参考：食品製造におけるHACCP入門のための手引書［大量調理施設に
　　　おける食品の調理編］（第3版）　第3章

# 60　点検表・記録簿

## 【195】　点検表・記録簿（※編注）

> ・調理施設の点検表
> ・従事者等の衛生管理点検表
> ・原材料の取扱い等点検表
> ・検収の記録簿
> ・調理器具等及び使用水の点検表
> ・調理等における点検表
> ・食品保管時の記録簿
> ・食品の加熱加工の記録簿
> ・配送先記録簿　　　　（大量調理施設衛生管理マニュアル　別紙）

※編注：各点検表及び記録簿は【118】の編注を参照してください。

→参考：食品製造におけるHACCP入門のための手引書［大量調理施設に
　　　おける食品の調理編］（第3版）　第3章

# 参考資料

210

## ○参考資料一覧

　本書に掲載されている法令等を閲覧できるウェブサイト（URL）を以下のとおり、まとめました（2021.9.21）。

・食品衛生法施行規則（昭和23年7月13日厚生省令第23号）
　https://www.mhlw.go.jp/web/t_doc?dataId=78332000&dataType=0&pageNo=1

・学校給食衛生管理基準（平成21年3月31日文部科学省告示第64号）
　https://www.mext.go.jp/b_menu/hakusho/nc/__icsFiles/afieldfile/2009/09/10/1283821_1.pdf

・大量調理施設衛生管理マニュアル（平成9年3月24日衛食第85号別添）
　［食品等事業者の衛生管理に関する情報］
　https://www.mhlw.go.jp/stf/seisakunitsuite/bunya/kenkou_iryou/shokuhin/syokuchu/01.html
　［直接リンク］
　https://www.mhlw.go.jp/file/06-Seisakujouhou-11130500-Shokuhinanzenbu/0000168026.pdf

・食品衛生法（昭和22年12月24日法律第233号）
　https://www.mhlw.go.jp/web/t_doc?dataId=78330000&dataType=0&pageNo=1

・食品衛生法施行令（昭和28年8月31日政令第229号）
　https://www.mhlw.go.jp/web/t_doc?dataId=78331000&dataType=0&pageNo=1

・と畜場法（昭和28年8月1日法律第114号）
　https://www.mhlw.go.jp/web/t_doc?dataId=79151000＆dataType
　=0＆pageNo=1

・水道法（昭和32年6月15日法律第177号）
　https://www.mhlw.go.jp/web/t_doc_keyword?keyword=%E6%
　B0%B4%E9%81%93%E6%B3%95&dataId=79044000&dataType=0&
　pageNo=1&mode=0

・食鳥処理の事業の規制及び食鳥検査に関する法律（平成2年6月29日
　法律第70号）
　https://www.mhlw.go.jp/web/t_doc?dataId=78346000＆data
　Type=0＆pageNo=1

・学校環境衛生基準（平成21年3月31日文部科学省告示第60号）
　　［学校環境衛生］
　https://www.mext.go.jp/a_menu/kenko/hoken/1353625.htm
　　［直接リンク］
　https://www.mext.go.jp/content/20201211-mxt_kenshoku-100000613_
　02.pdf

・学校給食施設・設備の改善事例集（平成25年3月文部科学省スポー
　ツ・青少年局学校健康教育課）
　https://www.mext.go.jp/a_menu/sports/syokuiku/1336543.htm

・学校給食調理従事者研修マニュアル（平成24年3月文部科学省スポー
　ツ・青少年局学校健康教育課）
　https://www.mext.go.jp/a_menu/sports/syokuiku/1321861.htm

・食品製造におけるHACCP入門のための手引書［大量調理施設にお
ける食品の調理編］（第3版）（平成27年10月厚生労働省）
　［HACCP導入のために］
https://www.mhlw.go.jp/stf/seisakunitsuite/bunya/0000098735.
html
　［直接リンク］
https://www.mhlw.go.jp/file/06-Seisakujouhou-11130500-
Shokuhinanzenbu/0000098995.pdf

・調理場における洗浄・消毒マニュアルPartⅠ（平成21年3月文部科学
省スポーツ・青少年局学校健康教育課）
https://www.mext.go.jp/a_menu/sports/syokuiku/1266268.htm

・調理場における洗浄・消毒マニュアルPartⅡ（平成22年3月文部科学
省スポーツ・青少年局学校健康教育課）
https://www.mext.go.jp/a_menu/sports/syokuiku/1292023.htm

・学校給食調理場における手洗いマニュアル（平成20年3月文部科学
省スポーツ・青少年局学校健康教育課）
https://www.mext.go.jp/a_menu/sports/syokuiku/08040316.htm

・調理場における衛生管理＆調理技術マニュアル（平成23年3月文部
科学省スポーツ・青少年局学校健康教育課）
https://www.mext.go.jp/a_menu/sports/syokuiku/1306690.htm

・食中毒処理要領（昭和39年7月13日環発第214号別添）
https://www.mhlw.go.jp/content/000496802.pdf

・食中毒調査マニュアル（平成9年3月24日衛食第85号別添）
https://www.mhlw.go.jp/content/000496802.pdf

## ○食中毒処理要領

$$\left(\begin{array}{l}\text{昭和39年7月13日}\\\text{環発第214号別添}\end{array}\right)$$

最終改正　平成31年3月29日生食発0329第17号

#### I　趣　旨

　　食品衛生の目的は、飲食に起因する衛生上の危害の発生を防止し、もって国民の健康の保護を図ることにあるが、もし万一食中毒が発生した場合には、直ちにその拡大防止に努めなければならない。そのためには、食中毒発生を早期に探知もしくは発見し、その食中毒の原因を追求し、できるだけ迅速に原因となった食品や発生の機序を排除するための適切な措置を講じなければならない。このような対策が、有効かつ円滑に遂行されるためには、関係職員の緊密な協力態勢が必要であって、関係行政部門への報告、連絡を遅滞なく行うとともに、必要な場合には、情報の提供、試験検査の支援などを受けることが肝要である。特に、広域的な食中毒事案（疑いを含む。以下同じ。）発生時においても、適切な原因調査、情報共有等の対応を行うことができるよう、広域連携協議会の活用等により、関係機関は相互に連携を図りながら協力しなければならない。

　　これらの処理が行われた後においても、必ず反省、検討を加え、再び同じような食中毒が発生しないように、その教訓を事後の食中毒予防対策の中に生かすようにしなければならない。

　　本処理要領は、このような趣旨に基づいて策定されたものであり、これによって食中毒の適切な処理を図るものである。

#### II　食中毒発生時の対策要綱の策定

　　都道府県、保健所設置市、特別区（以下「都道府県等」という。）は、食中毒又はその疑いのある事例の発生時において、迅速かつ的確に対応するため、以下の内容を含む対策要綱を定めること。検討に当たっては、広域又は大規模食中毒発生時の体制を考慮すること。

　1　対策の基本方針
　2　集団発生時の対策本部の設置要項
　　(1)　本部の編成
　　(2)　現地本部と本庁本部との業務分担
　　(3)　業務内容、業務分担及び業務の流れ
　　　ア　調査体制

　　イ　検査体制
　　ウ　評価体制（原因究明専門家会議の設置等）
　　エ　内部関係者間の連絡体制
　　オ　外部関係者（国及び他の都道府県等）への連絡体制及び応援要請
　　カ　広域連携協議会の活用
　　キ　広報体制
　3　平常時における準備等

Ⅲ　発生の探知、発見
　1　医師の届出の励行
　　　食品衛生法（以下「法」という。）第58条第1項及び同法施行規則（以下「規則」という。）第72条に、食中毒の患者若しくはその疑いのある者（以下「食中毒患者等」という。）を診断し、又はその死体を検案した医師は、24時間以内に、最寄りの保健所長に文書、電話又は口頭により届出を行うことの規定があるので、都道府県等は、この規定の励行を医師会を通じて、又は個々の事例を利用して各医師に周知徹底するよう努めなければならない。
　2　医師の届出以外の探知
　　　医師以外の者から通報があった場合や、保健所職員の聞き込みによって、食中毒発生を知った場合には、法第58条第2項のその他食中毒患者等が発生していると認めるときとして、次により処理するものとする。
　　(1)　患者等が医師の診断を受けていた場合には、その主治医に連絡して、病状その他の状況について十分に聴取しなければならない。
　　(2)　患者等が医師の診断を受けていない場合には、保健所医師もしくはその他の医師の診断を受けるよう勧奨し、(1)によって処理しなければならない。
　　　　なお、食中毒の発生の探知を医師の届出だけに依存することは不十分であって、細大もらさず迅速に探知するためには、医師以外の者からの通報の協力も必要である。このため、平素行なわれている衛生教育等の活動を通じて、その必要性について周知徹底しておくことが肝要である。
　　　　また、食品衛生監視員はもちろんのこと、医師、保健師、その他の保健所職員が、たえず食中毒の発生に注意を払い、聞き込みに努めるとともに、感染症患者等の届出、患者診断、死亡診断書の整理等においても食中毒発生の探知に努めなければならない。

Ⅳ　発生の報告、連絡
　1　保健所
　　(1)　発生時の報告等
　　　　　保健所長は、医師の届出、その他により食中毒患者等が発生していると
　　　　認め、事故発生を探知したときは、直ちに関係職員にその応急処理に当た
　　　　らせるとともに、法第58条第2項の規定により、速やかに都道府県等の食
　　　　品衛生主管部局に報告しなければならない。必要に応じ、相互に発生情
　　　　報の交換、連絡を要する部門としては次のものが挙げられる。
　　　　ア　感染症の予防及び感染症の患者に対する医療に関する法律（以下「感
　　　　　　染症法」という。）に規定されている疾病の場合…感染症対策部門
　　　　イ　薬品又は毒物及び劇物による中毒が疑われる場合…薬務部門
　　　　ウ　食品の貯蔵、輸送、販売等に関して、広域にわたる調査が特に必要な
　　　　　　場合…農林水産及び経済部門
　　　　エ　食中毒の原因食品について原材料に至る遡り調査が必要な場合…農林
　　　　　　水産部門
　　　　オ　特に犯罪に関係があると疑われる場合…検察、警察部門
　　　　カ　学校（幼稚園を含む。）又は社会福祉施設等（保育所を含む。）が摂食場
　　　　　　所である場合…教育又は社会福祉部門等
　　　　キ　医療機関が摂食場所である場合…医療監視部門
　　　　ク　水道水等が原因として疑われる場合…水道行政部門
　　　　ケ　食品の流通及び患者等の発生状況からみて、他の保健所の管轄区域と
　　　　　　関係があると思われる場合…他地域の衛生行政機関
　　　　　　ただし、アからクまでのことで、他の都道府県等に及ぶ場合は、緊急や
　　　　むを得ない場合を除き、都道府県等の食品衛生主管部局を通じて連絡を
　　　　行わなければならない。
　　　　　　この食中毒発生の報告、連絡は、食品衛生法施行令（以下「令」という。）
　　　　第37条第1項の規定により、都道府県等の食品衛生主管部局にできる限り
　　　　速やかに、かつ丹念に行うべきである。当初入手した情報が不十分な場
　　　　合でも、それが完全に把握できるまで待つことなく、一応の情報として報
　　　　告しておき、以後、調査等により状況が判明するに応じて、逐次、報告を
　　　　追加・訂正していくことが必要である。
　　(2)　調査終了後の報告
　　　　ア　保健所長は、法第58条第4項及び令第37条第3項の規定に基づき、食中
　　　　　　毒の調査が終了後、速やかに、規則第75条第1項に規定する食中毒事件の
　　　　　　区分に応じ以下の報告書を作成し、都道府県知事、保健所設置市の市長

又は特別区の区長（以下「都道府県知事等」という。）に提出しなければ
ならない。

① 法第58条第3項の規定により都道府県知事等が厚生労働大臣に直ち
に報告を行った食中毒事件…食中毒事件票（規則様式第14号）及び食
中毒事件詳報（規則第75条第2項）

② ①以外の食中毒事件…食中毒事件票

イ 食中毒事件票については、規則様式第14号に従い、「食中毒統計の報告
事務の取扱いについて」（平成6年12月28日付け衛食第218号）別添の食中
毒統計作成要領により行うものとする。

なお、これら諸報告作成の基礎となる必要な業務上の記録（たとえば、
患者の整理台帳、調査票、事件票等）は、平素から十分整備しておくこと
が大切である。

ウ 食中毒事件詳報については、事件処理終了後速やかに規則第75条第2
項に掲げる事項について作成し、都道府県知事等に提出すること。

なお、食中毒事件詳報については、その内容を公表することとしてい
るので、患者の個人情報等に配慮すること。

エ 広域流通食品が原因食品となった場合の食中毒事件詳報については、
原因となった施設等を所管している保健所が事件の全容を取りまとめ作
成すること。原因となった施設等が不明の場合については、当該事件に
係る食中毒患者等又はその死者の数が最も多い都道府県等のうち、食中
毒患者等又はその死者の数が最も多い保健所で作成すること。

2 都道府県等の食品衛生主管部局

(1) 発生時の報告等

都道府県等は、保健所から報告を受け、又は探知した場合、事件の特異
性、発生規模等からみて、適宜、保健所に対し、指示もしくは支援を行う
とともに、関係機関との連絡を迅速かつ緊密に行わなければならない。

ア 都道府県等の食品衛生主管部局は、法第58条第3項の規定に基づき、規
則第73条に定める事例については、厚生労働省医薬・生活衛生局食品監
視安全課食中毒被害情報管理室（以下「食中毒被害情報管理室」という。）
及び地方厚生局健康福祉部食品衛生課あて、直ちに電話、メール又はフ
ァクシミリ及び食品保健総合情報処理システム等により、別記に規定す
る項目に従って連絡すること。

イ 都道府県等の食品衛生主管部局は、アの報告を行ったときは、令第37
条第2項の規定により、調査の実施状況に応じ、その状況を規則第74条に
規定する項目に従って、電話、メール又はファクシミリ及び食品保健総

合情報処理システム等により逐次報告すること。

　　なお、調査の過程で食中毒ではないと判断された場合については、判断
した理由、以降の担当部局等を食中毒被害情報管理室あて報告すること。

(2)　調査終了後の報告

ア　都道府県等の食品衛生主管部局は、保健所における事件調査が終了後、
令第37条第4項の規定により、規則第76条の規定に従い、以下に示す報告
書を食中毒被害情報管理室に提出すること。

(ア)　食中毒事件調査結果報告書（規則様式第15号）

　　食中毒統計作成要領に従って、食中毒事件調査結果報告書を作成
し、月ごとに、その月に受理した食中毒事件票を添付して、所定の
期日までに食中毒被害情報管理室に提出すること。

　　食中毒事件票については、あわせて食品保健総合情報処理システ
ムへの入力を行うこと。

(イ)　食中毒事件調査結果詳報（別記様式1）

　　法第58条第3項の規定により厚生労働大臣に直ちに報告を行った
食中毒事件については、規則第75条第2項で規定する項目に従って
食中毒事件調査結果詳報を作成し、食中毒被害情報管理室に提出す
ること。食中毒事件調査結果詳報は、保健所長から提出のあった食
中毒事件詳報を活用した形で作成すること。

　　なお、食中毒事件調査結果詳報については、その内容を公表する
こととしているので、患者の個人情報等に配慮すること。

イ　上記アに示す報告書の内容、数値等は、Ⅵの2で述べる全国食中毒事件
録のそれと整合するものでなければならない。

(3)　広域的な食中毒事案発生時の報告等

　　都道府県等の食品衛生主管部局は、平常時より定例的に開催される広
域連携協議会において、他の都道府県等の食品衛生主管部局との連絡、連
携及び協力体制を確保しておかなければならない。

　　広域的な食中毒事案が発生した場合は、食中毒被害情報管理室及び他
の都道府県等の関係機関に直ちに電話、メール又はファクシミリ等によ
り情報共有を行う。

3　地方厚生局

(1)　広域連携協議会の開催

　　地方厚生局は、関係機関の連絡及び連携体制を確保するため、法第21条
の3に基づく広域連携協議会に係る必要な事務を処理する。

ア　定例的な開催

　　構成員等間の連絡体制の整備、事案等発生時の調査内容等、必要な事

項について協議するため、毎年度、定例的に広域連携協議会を開催する。
　　イ　事案対処のための開催
　　　　広域的な食中毒事案発生時には、構成員等を招集し、当該事案に対処するための広域連携協議会を開催する。
　（2）　派遣等
　　　　地方厚生局は、厚生労働省医薬・生活衛生局食品監視安全課（以下「食品監視安全課」という。）から指示があった場合には、担当者を当該都道府県等に派遣し、都道府県等と協力の上現場調査等に立ち会うものとする。
4　厚生労働省本省
　（1）　食中毒発生時の初動対応
　　　　厚生労働省本省は、都道府県等から食中毒発生の報告を受けた場合、食中毒調査の実施、被害拡大の防止措置等について、必要に応じ、技術的助言、連絡調整等の調査支援を行うほか、現地に職員を派遣して情報を収集する必要があると認められる場合には、必要に応じて国立感染症研究所及び国立医薬品食品衛生研究所の協力も得て情報収集を行う。
　　　　また、都道府県等からの報告や国立感染症研究所及び国立医薬品食品衛生研究所等からの情報から、広域的な食中毒事案発生を探知した場合は、必要な情報を国でとりまとめ、関係する都道府県等で情報共有を図る。
　（2）　大規模又は広域的な食中毒事案発生時
　　　　以下に示す大規模又は広域に渡る食中毒事案が発生した場合であって食品衛生上の危害の発生を防止するため緊急を要するときは、法第60条の規定に基づき、必要に応じ都道府県等に対し、期限を定めて食中毒の原因を調査し、調査の結果を報告するよう求める。また、同場合において、必要があると認めるときに、法第60条の2の規定に基づき、広域的な食中毒事案等に対処するための広域連携協議会の開催を地方厚生局に依頼する。
　　ア　食中毒患者等が500人以上発生し、又は発生するおそれがあると認められる場合
　　イ　当該中毒の患者等の所在地が複数の都道府県に渡る場合、又はそのおそれがあると認められる場合

V　調　査
　1　調査実施体制
　　食中毒が発生した場合は、保健所長がその調査、連絡、措置等を行うもので

ある。したがって、必要により現場に赴き、関係職員を指揮監督して、それぞれの領域において十分な活動をさせ、場合によっては全所員をこれに協力させ、必要にして十分な調査及び対策を実施しなければならない。特に腸管出血性大腸菌や細菌性赤痢などの感染症法に規定される疾病が疑われる場合については、患者発生の届出の受理から、食中毒調査の初動対応の迅速化を図るため、感染症対策部門と共同調査を行う体制整備に努めること。

(1) 患者の診断は、多くは臨床医師によってまず行われるが、必要により保健所医師は再診、補正を行うこと。

　また、医師の診断を受けていない患者、回復患者及び患者と同一集団の者、並びに施設の従業員等の健康診断も保健所医師によることを原則とすること。

(2) 未届出患者等の発見、原因食品の追求、販売系統の調査等は食品衛生監視員が中心となり、必要な場合は保健師その他の職員の支援を受けるものとすること。

(3) 保健所医師による健康診断、採血、採便等には保健師その他の職員が医師の補助をすること。

(4) 微生物学的、理化学的、その他の試験検査は、試験部門の専門職員によって行うものとすること。

　以上の如くそれぞれ専門領域を相互に尊重しつつ、責任をもち合い、所長の統率の下に保健所全体が一丸となって協力し、その結果については、所長が総合的に判断するものとする。

　事件が小規模、1保健所管内に限定されているときは、その保健所独力で処理すべきであるが、事件が重大で規模が大きく、また複雑であって、技術的に若しくは人的にも不足がある時、又は2つ以上の保健所の管轄区域にわたるときは、都道府県等に応援を求めることが必要である。都道府県等は、保健所より応援を求められたとき、又は状況を判断して応援が必要と認める時は、担当職員を派遣し、対策と調査の迅速化を図ると共に関係機関連絡調整に努めなければならない。

　なお、都道府県等においても、単に食品衛生部門のみでなく、感染症対策などの関係各部門ならびに地方衛生研究所等との連絡を十分密にする必要がある。また、事件が大規模又は広域にわたる可能性があることも踏まえ、調査の段階から、広域連携協議会における協議や関係機関との情報共有など相互に連携を図りながら協力しなければならない。その一環として、当該都道府県等のみでは、技術的に若しくは人的にも不足がある時は、近隣の都道府県等に応援を求めることが必要である。

2 原因の追求

　原因食品及び病因物質の追求は、食中毒処理の基本であり、事後の措置の大部分を決定するものである。食中毒調査を容易かつ正確にするためには、食中毒発生あるいは発生の疑い情報入手直後において、速やかに調査に着手し、調査に必要な資料の収集、検体の採取などに当らなければならない。したがって、迅速な届出、報告の受理、その他の探知が重要であり、同時に初動調査が円滑に行なえるように平素からその態勢を整えておかなければならない。現場では、まず食中毒患者等、死者を詳細に調査し、これを発生月日時別、症状別、性別、年齢別、職業別、摂食食品別、給水別、入手系路別等に分類統計し、次の事項について観察すること。

(1) 症候学的観察

　食中毒は、原因食品摂取後、数時間から1週間程度で起こるものが多く、肝炎ウイルス等の潜伏期間が1ヶ月を超えるものもある。症状は急性胃腸炎の症状を呈するものが多いが、ボツリヌス菌、自然毒等独特な症状を呈するものもある。化学物質によるものについては、病因物質の種類により特異な症状を呈し、また、病因物質の量により、症状に多少の特殊性があるもの、あるいは全く異なる症状を呈するものもある。

　患者や診断医師から症状、発症日時を詳細に聞き取り、症状別に集計し、流行曲線を作成することにより、病因物質等の曝露日、状況が推定出来る場合もある。このことから、診断医師、患者等に病状等を聴取することが必要である。また、一般的に食中毒などの単一曝露事例の流行曲線は一峰性のピークを示し、感染症などの複数曝露事例では、二峰性等の複数のピークを示し、ピークが不明瞭な場合は継続的な曝露を示すことが多いことにも注意する必要がある。

　試験検査に最善を尽くしてもなお判明しない場合は、症候学的観察（臨床決定）によって病因物質を推定するよう努力しなければならない。

(2) 食中毒患者等の検査

　原因追求には、食品残品、原材料、使用器具、容器包装等の検査のほか、患者、回復患者等の排泄物（糞便、尿、吐物）、血液等について微生物学的、血清学的、理化学的及びその他必要な検査を行わなければならない。病因物質については、食中毒患者等の検査により特定できる場合が多い。患者と同一の疑わしい食品を摂取している者についても、保菌状況等の検査を実施することが必要な場合もある。

　また、さらに必要な場合には、回復患者についても保菌検査、血清学的検査等を行わなければならない。

その際には細菌性食中毒を疑う場合、既に抗生物質を投与されている患者については、検査結果が陰性となる場合もあるので注意が必要である。

(3)　死体解剖

死者のある場合、原因調査上必要なときは、法第59条の規定によって死体解剖を行い、また、これより採取した検体について微生物学的、理化学的、病理学的、その他必要な検査を行うべきである。なお、司法解剖が優先して実施される場合にも、立会い協力して原因追求に努めなければならない。

(4)　原因食品の疫学的調査

原因食品の推定には、後ろ向きコホート研究（集団として定義できる場合）又は症例対照研究（集団の定義が難しい場合）により分析することが望ましい。

患者及び健康者（対照者）について、原則として食中毒発生前7日間、必要に応じてそれ以前に遡り摂取したすべての食品を摂取時間別に調査し、患者群と健康者群の摂取率を食品別に考察する。この調査は、食事のみでなく間食等摂取したすべての食品について行わなければならない。

これによって、患者群に共通して摂取率の高い食品が1つ又はいくつか発見される。この場合に、摂取率は100％とならないことが多く、また、共通性において、同様に高率な食品が2〜3に止まらないこともあり得る。これらの食品を原因食品として一応疑いをかけ、原因食品としての確定（推定）は、摂取と発病の時間（潜伏時間）の一致の有無を考慮し、後述の販売系統調査や、試験室における微生物学的、理化学的又は生物学的の試験結果等を総合して判定するものである。

平常、共通の食事を摂っている人々の中のある者が、たまたまある特定の食事を摂らず（出張、外出、欠勤等）、かつ他の大部分の者が罹患している場合には、その食事に疑いが大きくおかれ、また逆に、たまたま特定の食事のみを摂った者（来客、外来者等）が同時に罹患したという様な場合には、同様にその食事への疑いの可能性が高くなる。このことは食事中の品目についても同様である。かかる特殊例を発見することは原因食品の確定に重要である。

この調査に当って、患者及び関係者の記憶が不明確なことがあるが、この場合には無理な追求は避け信頼できる確実なもののみを対象にして行うべきである。また、これらの記憶を疑わしい食事のメニュー、食品の購入歴等を質問票に加えるなどして、明確にする努力も必要である。

　原因食品が推定された時、その原因食品を摂取した人は必ず発病するとは限らない。そのため、発病率が低いだけの理由でそれを除外することは出来ない。逆に推定原因食品を摂食しないで、罹患した人がある時は、当該患者が他の疾病によるものか、あるいは、その人の失念によるものか、供述が不正確であるためなのか、これらの点について、十分再調査し、補正すれば明確になってくる。この推定原因食品を試料として試験検査を行う。したがって、事件発生と同時に、患者が摂食したと思われる食品の残品があれば、あらゆる検査に必要な量を採取し、汚染、変敗、変質しないように保管に留意するとともに、できるだけ速やかに試験検査を行わなければならない。

(5)　販売系統の疫学的調査

　原因食品の追求によって、疑わしい食品が発見された場合（あるいは原因食品としての推定は出来ないが、患者に関係あると思われる食品について）、その食品の購入先、加工施設、必要に応じて原材料の採取場所等まで遡り調査を実施し、全販売先について、患者等が発生していないかを調査する。

　また、同時にこの販売系統調査においても必要に応じて検体を採取して検査を行い、この検査結果も考慮する。

　この販売系統における患者分布および採取試料の試験検査の結果は、原因食品として疑ったものが、真の原因食品であるか否かを判定する上の有力な資料の1つとなりうることがある。

　また、販売系統における患者分布は各種の試験検査の結果と関連して、疑わしい食品あるいは推定原因食品の汚染経路を判定する要素となるものである。すなわち、食品の汚染等（微生物、化学物質いずれによるものも含む。）は、販売系統において、すべての患者あるいは病因物質を検出した検体の採取された点を、すべて含む最初の総合点が最もその可能性が多く、それより中心に近い点の可能性がこれに次ぐ。最初の総合点より末端の数か所以上で、同時に汚染等が行われる可能性は比較的少ないものである。

　たとえば、左図において、Bで汚染された可能性が最も多く、Aがこれに次ぎ、bとcが同時に汚染されることはまずないと考えるべきである。

　（左図略）

(6)　試験検査

　以上の調査によって、一定の食品が食中毒の原因食品と疑われる場合はもちろんのこと、確定した場合でも、試験室における検査の結果でこれ

を裏付けることが必要である。実際に、食中毒の病因物質については、不明のものもあり、食品の残品等の採取が困難な場合もあるが、食品がどのような病因物質に汚染され、またはどのように病因物質が増殖したかを判断するため試験結果は重要であり、試験検査の結果なくしては、その食品がいかなる微生物により汚染されたか、あるいは、いかなる有害物質が含有、付着していたかは知り得ない。ただし、自然毒によるものの場合、あるいは症状により、また文献、事例等により、病因物質を推定することが出来うる場合もある。

試験検査には、微生物学的、血清学的、生物学的、理化学的、その他の必要な技術が、十分利用されるべきであり、その検査材料（検体）としては、患者の食べ残した物もしくはこれに近いもの、あるいは、同一販売系統のもの、それらの原材料、原因として疑われる施設等の器具、設備、トイレ等の拭き取り検体、患者の吐物、糞便、尿、血液、死体の一部等が利用される。黄色ぶどう球菌による食中毒の場合は、その食品を取り扱った者の手指等より黄色ぶどう球菌を検出し、食品等より分離した菌と同定できるか否かを検査することは、きわめて意義がある。

これらの試料の採取、送付、保管等については、十分な訓練と注意が必要であり、特に微生物学的検査においては、無菌的採取、迅速な送付が必要である。必要によっては試験担当者が自ら試料採取を行わなければならないこともある。

試験室における試験検査は正確に行うことが必要であって、このためには、十分な知識、技能を有する技術者と十分な施設、資材、文献類が必要である。

試験室で満足できる結果が得られないような場合には、適当な方法で検体を保存して、さらに詳細な検査が可能な機関に検査を依頼すべきである。

なお、地域や事件の状況によっては、以上の場合のほか、大学その他の研究機関に対し、試験検査について、技術的な協力を得ることもあってよい。

こうして得られた試験結果も、その証明力に限界のあることに注意して、絶対的なものであると過信したり、あるいは、過大評価をしてはならない。

また、試験結果が否定的（陰性）であっても、それは検体の不適、検査方法の未発達、ないし技術の不良、偶然の見落し、抗生物質の投与等いろいろの要因によって起りうることであって、食中毒が存在したという事

実は否定できない。また、逆に試験結果が陽性であっても、それは原因としての確実性を強化するものではあるが、決定的な証明とはならないことがあるから注意を要する。

　なお、検体の試験検査は、できるだけ地方衛生研究所までの段階において実施し、その病因物質等の決定に努め、都道府県等より、国の試験検査機関に精密な試験を依頼する場合は、厚生労働省医薬・生活衛生局食品監視安全課長あて「食中毒検体試験依頼書」（1通）を別記様式2により、また、これに添付する「食中毒検体送付書」の写（2通）は別記様式3により、それぞれ予め依頼するものとする。なお、食品監視安全課から指示があった場合には、地方厚生局は必要な連絡調整等を実施する。

　試験の迅速化を図るため、主として患者由来菌株は国立感染症研究所あて、食品及び食品由来菌株は国立医薬品食品衛生研究所あて、それぞれ別記様式3にもとづく「食中毒検体送付書」を添付して直接送付するものとする。

　検体を送付する際には、平成24年3月15日付け健感発0315第1号「感染症発生動向調査事業等においてゆうパックにより検体を送付する際の留意事項について」に留意すること。

　食品監視安全課はこの依頼書に基づき、国立感染症研究所又は国立医薬品食品衛生研究所にこれを試験させ、その結果を都道府県等に通知する。なお、食品監視安全課から地方厚生局健康福祉部食品衛生課に指示があった場合には、地方厚生局は必要な連絡調整等を実施する。

　腸管出血性大腸菌、サルモネラ属菌及び赤痢菌感染症患者等の発生を探知した際には、患者等由来菌株を迅速に収集し、反復配列多型解析法（MLVA法）等による遺伝子解析とライブラリーとの照合を行う国立感染症研究所に検査結果又は菌株を送付すること[1]。また、食品、従業員の検便、拭き取り等から腸管出血性大腸菌を検出した場合においても、MLVA法による患者由来菌株のライブラリーと照合を行うため、MLVA法による検査結果又は菌株を国立感染症研究所に送付すること。

---

[1]　国立感染症研究所において、サルモネラ属菌についてはファージ型別検査又はパルスフィールド・ゲル電気泳動（PFGE）による検査、赤痢菌及び腸管出血性大腸菌については反復配列多型解析法（MLVA法）による検査を実施している。また、腸管出血性大腸菌におけるMLVA法の結果の取り扱いについては、平成30年6月29日付け事務連絡「腸管出血性大腸菌による広域的な感染症・食中毒に関する調査について」を参照すること。

(7) 施設及びその運営状況並びに従業者の健康状態

　汚染又は、増殖が疑われる場所について、その施設の構造、運営状況及びねずみ、昆虫類などの衛生動物の状況等を調べ、必要十分な拭き取り検体を採取する。従業者の健康管理状況、疑われている原因食品を取扱った状況、衛生意識の程度を調査し、あわせて従業員の健康診断、検便検査、手指等の拭き取りを行ない、そこに衛生上の不備欠陥等を発見し、これと発生した食中毒の種類との関連の有無を考慮することが必要である。

　また、病因物質が増殖したことが疑われる場所については、その施設の温度管理記録等を確認するほか、従業員等から管理の状況について調べる必要がある。

(8) 総合的判断

　上記の調査によって得られた結果にもとづいて、あくまで科学的に、不断に反省を繰り返しつつ、総合的に判断することが必要である。1つの結果に執着したり、これらの食中毒に起りがちな虚報に惑わされたりして、誤った結果を出してはならない。

　また、試験室の結果が陰性に終っても、前述の疫学的所見又は症候的観察等の結果まで無視してはならない。これらにより相当に原因が推定出来るものである。さらに広域的な食中毒事案においては、複数の都道府県等における調査結果を踏まえて判断する必要があるため、広域連携協議会において調査結果を共有し、協議を行い、当該結果を尊重して総合的な判断を行う。

　この原因の総合的判断に際して、原因食品、病因物質の区分を明瞭に行うとともに、それが疫学的調査、試験検査その他により確認されたものか、推定されたものかを明瞭にしておく必要がある。

　なお、食中毒の病因物質やその検出方法は学問の進歩とともに明瞭になっていくものであり、新しい傾向、文献等によって常に新しい知識を得るように心掛けることが必要である。

Ⅵ　措　置

1　事件の措置

　事件の措置においても、調査と同様に、保健所長、食品衛生監視員のみでは解決出来ない場合があり、必要に応じ他の職員の協力応援が考慮されるべきである。また、事件の内容によっては保健所の他、都道府県等の協力応援が必要である。

(1) 食中毒においては、患者に対するまん延防止措置等は行っていないが、

感染型のものは排泄物、施設等の消毒等を考慮すべきである。

(2)　衛生部局が食中毒の処理に当って行うべき手段の主要部分をなすものは、その原因食品若しくは原因と疑われる食品の販売、使用等の禁停止、販売施設等の使用等の禁停止又は事後の根本的対策であり、この食品の販売、使用等の禁停止、営業の禁停止を行政部局が強制しうるのは、営業者（法第62条の読み替えを含む。）についてのみであるが、被害拡大防止のために、一般消費者に対して宣伝広報を用いて積極的に公表を行うことが必要である。公表は一般消費者に対して速やかに正確な情報を分かりやすく伝え、被害の発生状況を明らかにするとともに不要な不安を生じさせないため、広域・散発の時の公表の際には、原則として原因施設等を所管する都道府県等が中心となり、各都道府県等との内容に相違がないように十分に調整すること（その他に中心となることがふさわしい都道府県等がある場合についてはこの限りではない。）。

また、これらに対する措置は、できるだけ速やかに実施しなければならない。原因食品及び原因施設がはじめから確認し得る場合はもちろん、一応推定しか出来ない場合、あるいは疑わしい場合においても、危害の拡大防止のため、必要にして十分な措置を直ちに講じなければならない。危険性の範囲が、当初明瞭となっていない場合には、危険の可能性の考えられる範囲全体に対して、包括的かつ、広汎な措置を行なっておいて、その後の調査の進行によって、危険範囲が明確化するにつれて、不必要であった制限は順次解除し、食品の販売、使用等の禁停止、販売施設等の使用等の禁停止を、必要な部分のみに縮少して行くことが必要である。この推定による広範囲の措置は、予備的なものであり、後に解除して行くことが予想されるものであるから、この予備的措置によって、関係営業者に与える影響はなるべく少なくするよう十分注意しなければならない。

不良食品と確定したもの、又は最終的に原因食品と疑われるものに対する行政処分は、法第54条の規定によって、営業者をして廃棄させ、あるいは、食品衛生上の危害を防ぐに必要にして十分と考えられる処置をとらせ、さらに、営業者をしてこれらの措置をとらせることが不適当であると考えられるときは、行政当局自らの手によって処理しなければならない。この廃棄処分は、不良食品を焼却する等、食品としての利用の途を断つことである。これは最も安全な方法であるが、食用以外の用途、例えば、肥料、飼料、燃料等に利用し、場合によっては、これを精製加工することにより、無害化して再び食用に供する等の方途があれば、それらを考慮すべきである。しかし、これによって食品衛生上の安全が保障し得ない場

合、あるいは最後まで監視することが困難な場合には、廃棄を行うべきである。

　営業者に対する行政処分は、法第55条及び第56条の規定によって被害拡大防止対策、再発防止対策が完了するために必要十分な期間・範囲をとることが重要である。

　これらの処分を行う際には、当該営業者に対し、調査結果等を丁寧に説明するとともに、公益上、緊急に行政処分を行う必要がある場合を除き、行政手続法に基づき営業者に弁明の機会の付与等が行われること。

　なお、これらの処分は、その処分を行う権限を有するものの命令にもとづいて行なわれるべきで、緊急やむをえない場合は、権限者の命令を速やかに受理できるような措置を予め講じておくべきである。

(3)　食中毒事件が引き起された状況よりみて、悪質であり責任追求の必要があると考えられる時、その他行政上司法処分の必要があると認められるときは、検察当局に文書又は口頭をもって、証拠物件を添えて告発を行うものとする。

(4)　食中毒は、その与える実際上の物質的な損害以上に、消費者に与える精神的な影響が大であるので、十分注意して処理しなければならない。

　食中毒を起こした施設はもちろん、これと同種の業者に対しても施設、取扱いの改善を十分指導すると共に、その他の営業者及び一般消費者に対しても、食中毒を契機として食品衛生に関する教育、啓発宣伝に努めなければならない。

(5)　広報として、メディア等を通して一般消費者に向けた情報を発信する際は、適切な広報担当者を指定する。

(6)　広域的な食中毒事案について公表を行う場合には、事前に関係機関に情報提供を行う又は広域連携協議会において公表方針の協議を行う等、行政として整合性のとれた情報発信を行うよう努めなければならない。

2　記録、評価及び予防対策

　食中毒の調査結果をもとにして、将来の資料として評価し、記録を十分完備、保存することが必要である。また、報告（食中毒事件票や食中毒調査結果詳報など）など作成の基礎となった資料は十分整備し、これらの事例の集積によって、今後の根本的防止対策を講じるために役立たせなければならない。

　なお、食中毒事件調査結果詳報および食中毒事件票等をもとに作成された全国食中毒事件録、食中毒統計（厚生労働省医薬・生活衛生局食品監視安全課編）その他の統計資料等を活用して、絶えず、他都道府県等との比較検討を行なって、管内の発生状況の位置づけや客観的分析を行うことも肝要である。

別　記

食中毒発生速報（第　報）

1　患者及び死者の届出年月日及び所在地

2　患者数及び死者数並びにこれらの者の症状

3　原因食品等（推定・確定の別）及びその特定の理由

4　病因物質及びその特定の理由

5　発生状況の概要

6　措置

7　上記の他原因調査及び行政処分を行うに当たり重要と認められる事項

8　報告者

別記様式1

番　　　　　号
年　　月　　日

厚生労働大臣　殿

都道府県知事等

食中毒事件調査結果詳報

　標記について、下記のとおり報告します。

記

I　食中毒発生の概要
　1　発生年月日
　2　発生場所
　3　原因食品等を摂取した者の数
　4　死者数
　5　患者数
　6　原因食品等
　7　病因物質
II　食中毒発生の探知（保健所の事件発生探知）
III　患者及び死者の状況
　1　患者並びに死者の性別及び年齢別の数
　2　患者及び死者の発生日時の別の数
　3　原因食品等を摂取した者の数のうち患者及び死者となった者の数の割合
　　（発病率：患者数対推定原因食品摂食者数）
　4　患者及び死者の原因食品等の摂取から発病までに要した時間の状況
　　（潜伏時間別患者発生数）
　5　患者並びに死者の症状及び病状別の数（食中毒調査票に記載された症状
　　に従い、それぞれの発顕率を記入すること。（死者が発生した場合には、
　　死因と死に至るまでの経過を記入すること。）
IV　原因食品等及びその汚染経路
　1　特定の原因食品を決定するまでの経過及び理由
　2　原因食品等の汚染経路等
　　（1）　内容（具体的に）
　　（2）　入手経過
　　（3）　調理、製造、加工等の方法、及び摂取までの経過

（4）　汚染経路の追及

Ⅴ　原因施設及び従業員

　1　原因施設の給排水の状況及びその他の衛生状況

　2　原因施設の従業員の健康状態

Ⅵ　病因物質の決定

　1　微生物学的検査

　2　理化学的検査

　3　動物試験、病理解剖

　4　その他の検査

　5　病因物質を特定するまでの経過及び理由

Ⅶ　行政処分その他都道府県知事等が講じた措置の内容

　（食品取扱業者、事件関係者または不良食品に対して行った食品衛生法による行政　処分、告発などの措置）

Ⅷ　考察

　1　考察

　2　発生の探知において今後改善を要すると考えられること。

　3　原因究明調査において今後改善を要すると考えられること。

　4　被害拡大防止のために今後改善を要すると考えられること。

　5　再発防止のために参考になると考えられること。

別記様式2

番　　　　　　　号
年　　月　　日

厚生労働省医薬・生活衛生局食品監視安全課長　殿

都道府県等食品衛生主管部（局）長

食中毒検体試験依頼書

このたび食中毒検体の試験実施方をお願いします。
なお、食中毒検体送付書写（2通）を添付します。


別記様式3

番　　　　　　　号
年　　月　　日

国立　　　　　　所長　殿

都道府県等食品衛生主管部（局）長

食中毒検体送付書

1　検体の種類
2　試験の内容(微生物学的検査、理化学的検査、不明、その他)
3　自家試験の成績
4　食中毒発生状況の概要
5　特に検査を希望する具体的事項
6　その他参考事項

## ○食中毒調査マニュアル

$$\left(\begin{array}{c}\text{平成9年3月24日}\\\text{衛食第85号別添}\end{array}\right)$$

最終改正　平成31年3月29日生食発0329第17号

## Ⅰ　目　的

　本マニュアルは、食中毒処理の一層の迅速化等を図るため、食中毒処理要領等で示された食中毒の発生から報告の作成までの具体的な手順について例を示し、都道府県、保健所設置市及び特別区（以下「都道府県等」という。）における食中毒処理の検討の用に資するものである。なお、本マニュアルの各手順においては、広域的な食中毒事案（疑いを含む。）となる可能性を踏まえて対処しなければならない。例えば、調査において事案が大規模又は広域にわたる可能性を視野にいれ、早期から関係機関との必要な連絡及び連携体制を確保する等、国及び都道府県等の関係機関各々が、食中毒患者等の広域にわたる発生又はその拡大を防止するために必要な対応を勘案して事案に対処する。

## Ⅱ　届出及び探知

　保健所においては、食中毒若しくはその疑いのある患者又は死者（以下「患者等」という。）の発生について、医師、患者、関係者等から電話、口頭等により届出又は連絡があった場合又は保健所の職員が探知した場合は、次の点に留意し、その事件の内容を聴取するとともに、記録すること。

### 1　医師からの届出

　食品衛生法（以下「法」という。）第58条第1項及び同法施行規則（以下「規則」という。）第72条に基づき医師から届出のあった場合は、臨床情報、流行の規模、流行の時期、原因と思われるもの等に関する情報が重要であり、具体的には次の点を確認すること。

(1)　医師の氏名、住所、連絡先及び医療機関名
(2)　患者等の所在地、氏名、住所、年令、性別及び連絡先
(3)　食中毒の原因（原因食品、病因物質など）
(4)　発病年月日及び時刻
(5)　診断又は検案年月日及び時刻
(6)　診断名
(7)　患者等の勤務先又は学校名等
(8)　患者等の容体、症状及び特異的症状の有無、今後の見通し
(9)　糞便、血液、吐物、汚物等の検査の状況及び検体確保の依頼の状況
(10)　治療方法（投与薬剤名、治療内容）

　(11)　発生規模（単発か集団発生の別）

　(12)　類似の症状を有する者の受診状況

2　患者等又はその関係者等からの連絡

　　患者等又はその関係者等から届出があった場合は、次の点を確認すること。

　(1)　連絡者の氏名、住所及び連絡先

　(2)　患者等の氏名、住所、年齢、性別及び連絡先

　(3)　患者等の勤務先又は学校名等

　(4)　患者等の容体、症状及び発症時期

　(5)　医療機関への受診の有無及び受診した医療機関名、住所、連絡先

　(6)　発症前の行動並びに喫食した食品及び摂食場所

　(7)　吐物、排泄物、食品残品等の検体の有無及び検体確保の依頼の状況

　(8)　家庭での服薬の有無及び薬剤名

　(9)　患者等の周囲の者の発症状況

3　その他学校、消防署等の関係機関、営業者等からの連絡

　　学校、消防署等の関係機関、営業者等から患者等の発生について連絡があった場合は、次の点を確認すること。

　(1)　連絡者の氏名、住所及び連絡先

　(2)　患者等が発生した施設等の名称及び住所

　(3)　患者等の発生の時期

　(4)　患者等の数、受診者数、入院者数、死亡者数

　(5)　患者等の集団の性・年令分布

　(6)　患者等が共通して摂食した食品など

　(7)　特に、学校等で患者等が発生した場合は、学年別、クラス別の発生状況、他の学校等の発生状況及び給食方式

　(8)　吐物、排泄物、食品残品等の検体の有無及び検体確保の依頼の状況

　(9)　患者等が受診した又は搬送された医療機関名、住所、連絡先、人数、容体、治療方法、搬送時間

4　保健所職員による探知及び情報収集

　　保健所の職員が食中毒またはその疑いに関する情報を入手した場合は、保健所の食品衛生監視員は食品衛生担当課長に報告するとともに、患者等、医師などから聴き取りを行い、上記1から3に関する情報の事実確認を行うこと。

Ⅲ　体制の確立

　　保健所は、医師からの届出がなされていない段階でも、患者等を探知した場合には、直ちに原因究明のための調査方針を検討し、必要な初動調査を開始する。また、広域散発事例又は大規模な集団発生が疑われる場合は、必要に応じ

て、保健所又は本庁に、それぞれ現地対策本部及び本庁対策本部を設置し、効果的な調査体制を確立すること。

　また、保健所は探知した事件内容を、直ちに本庁の食品衛生主管部局に連絡するとともに、保健所内の関係課と協議を行い、次の事項についての確認と調査方針を決定すること。

1　事件の把握（事件の規模等の判断）

　　調査対象者や調査対象となる食品、添加物、器具又は容器包装（以下「食品等」という。）の数が多く、また広範囲に及びそうな場合は、事件の規模、拡大の見通しに関する状況判断を早急に行い、本庁の食品衛生主管部局に連絡すること。本庁の食品衛生主管部局は、調査等における人員等について不足する可能性がある際には必要に応じて応援を送ること。

2　関係機関からの情報収集及び関係機関との連携

　(1)　保健所と次の他の行政機関、団体との連携（必要に応じて現地対策本部を設置）を図り、必要な情報の収集、提供を行うこと。

　　ア　市町村（学校における発生の場合は教育委員会を含む）

　　イ　地元医師会等関係団体

　　ウ　集団発生が起こった施設

　(2)　本庁と次の他の部局等との連携（必要に応じて本庁対策本部を設置）を図り、発生パターンや症状、その他の状況を踏まえ、本庁における共同調査の必要性について協議するとともに、必要な情報の収集・提供を行うこと。

　　ア　衛生研究所

　　イ　感染症担当課（感染症の疑いがある場合）

　　ウ　薬事担当課（薬物中毒又は家庭用品による中毒の疑いがある場合）

　　エ　農林水産及び経済担当部局（食品等の生産、販売等の広域な調査が必要な場合）

　　オ　教育委員会（学校における発生の場合）

　　カ　都道府県医師会等関係団体

　　キ　警察部局（特に犯罪に関係があると疑われる場合）

　　ク　福祉担当部局（福祉施設における発生の場合）

　　ケ　医療監視担当課（医療機関における発生の場合）

　　コ　水道行政担当課（水道水等が原因として疑われる場合）

3　調査方法

　(1)　調査体制の整備

　　　調査に必要な人員を確保し、患者調査班、施設調査班等の役割分担を行い、調査体制の整備を行うこと。広域散発又は大規模食中毒発生時に調査を行うにあたり人員等が不足している場合には、近隣の都道府県等へ

　　の応援を要請できるよう体制を整えておくこと。

　(2)　喫食状況の調査

　　　症候学的調査、喫食状況調査等を共通食を喫食した者に対して行う場合については、受診者、入院者、菌検出者等、食中毒の症状を呈している可能性の高い集団から調査するとともに無症状者に対しても有症者と同じ内容の調査を同じ方法で行うこと。

　(3)　検体採取の範囲及び検査内容の検討

　　　時間の経過とともに原因究明に必要な食品や環境等の検体は散逸していくことからできるだけ早期に、食品等（食材を含む。）、糞便、患者血液、水、拭き取り等の検査の必要性や微生物学（ウイルスを含む。）、理化学検査等の必要性を検討すること。

　(4)　関係都道府県等、関係機関への調査依頼

　　　調査対象者や調査対象食品の流通経路が他の都道府県等に及ぶ場合は、関係する都道府県等の食品衛生主管部局に調査状況を説明するとともに、必要な調査を依頼すること。

　(5)　症例定義について

　　　症例定義は複数の段階に分けて設定することが望ましい。食中毒発生初期には可能な限り多くの患者の掘り起こしを行うための幅広い症例定義を作成する。その後、症状が患者認定、調査の報告などにより具体的な症例定義を作成する。症例定義には場所・地域、患者の症状、症状日時などの要素を含めて作成し、検証したい曝露やリスク要件は含めない。


Ⅳ　調　査

　　食中毒調査においては、調査時期を逸した場合には、必要な情報が収集困難となる場合が多いことから、初動調査が最も重要であり、探知後直ちに必要な情報をもれなく収集する必要がある。

　　調査に際しては、別添のチェックリストにより、必要な調査が全て実施されているかどうかを確認すること。

1　調査担当者の心得

　　調査に当っては、前項Ⅲで決定された事項を遵守し、公衆衛生対策としての法律に基づいた調査を実施し、いたずらに先入観を持ち、これに左右されて判断を誤ったり、不確実な情報や資料に惑わされないように努めること。

　　また、食中毒調査の実施に当たっては、専ら、食品衛生確保の観点から、科学的見地に立って粛々と調査を行うこと。

2　患者等、喫食者及び関係者の調査

　　患者等や関係者から調査対象者名簿等を入手し、又はその作成を行うとと

もに、原則として患者等、喫食者等に直接面会の上、聴き取り調査を行うこと。
(1)  症候学的調査
　①  調査対象者の発症の有無、症状、発症年月日、医療機関への受診の有無、
　　受診した医療機関名、受診年月日、治療の内容、入院・外来の別等を具体
　　的に調査すること。
　②  発症者の既往歴、現病歴等の健康状態を把握すること。
　③  患者等の家族構成、家族の発症状況を確認すること。
　④  学校、事業所等にあっては、患者等の発生時期前後の欠席・欠勤状況を
　　確認すること。
　⑤  発症者の海外渡航歴、国内旅行歴の有無を確認すること。
　⑥  発症以前に外国に滞在していた者については、食事内容及び宿泊場所
　　等現地での行動を聴取すること。また、必要に応じて旅行代理店等への
　　協力依頼を行うこと。
　⑦  学校などについては、平常時の有病率及び欠席率を確認すること。
(2)  喫食状況調査
　①  患者等グループの共通性（学校給食、会食、旅行及び催し等における共
　　通の飲食物を喫食した機会の有無等）を確認し、共通食の献立表（メニュ
　　ー）の入手に努め、喫食状況調査を行うこと。
　②  患者等の共通食が特定される場合を除き、原則として7日間、必要に応
　　じてそれ以前に遡り喫食した食事内容について喫食状況調査を行ない、
　　間食や飲み物についても調査を行うこと。
　③  喫食した食品の特徴（フグ、生カキ、生卵、生肉、血液、内臓、キノコ
　　類、山菜、海藻、貝類、山野草等）の発見に努めること。
　④  症状等から原因と推測される食品の喫食状況については特に詳細に調
　　査すること。
　⑤  水道事業以外で供給される水の飲用について確認すること。
(3)  その他の留意点
　①  原因であることが疑われる食品又は食材を食べずに発症した者又は特
　　異な症状を示している者については、詳細に調査を行うこと。
　②  学童の調査を学校等に依頼する場合には、学童に暗示を与えないよう
　　調査方針、調査方法等について十分説明を行うこと。乳幼児については
　　保護者から事情を聴取すること。
　③  実際に症状を有さない者が、周囲の状況等からの影響を受け、症状を訴
　　える場合があることに注意すること。
　④  旅行者の集団が旅行後又は旅行中に発症している場合については、旅
　　行日程、行動計画表、行動の記録等（宿泊場所及び休憩所等が記載されて

いるもの）を入手すること。また、必要に応じて旅行代理店等への協力依頼を行うこと。

⑤　本人、保護者、関係者等に対し調査に関する正しい理解を求めるため、十分な説明を行い、調査の実施について同意を得ること。学校や保育園、勤務先等において誤解・偏見等を招かないよう、それらの組織に属する者（学生、児童、職員等）又はその保護者等に対して調査について説明し、理解を求めること。

⑥　学校や保育園、勤務先における調査に当たっては、個人情報、プライバシーの保護に細心の注意を払わなければならない。

3　施設調査

　原因施設として疑われる施設に対しては、速やかに立ち入り調査を行い、検食（食材を含む）及び施設のふき取り検体等を採取するとともに、仕入元、出荷及び販売先、製造又は加工に関する記録等の資料の確保を行うこと。

　特に、ふき取り検査や排水の検査は、施設の消毒後は意義を失うので、消毒前に必要な検体を十分確保すること。

　食中毒の原因施設として疑われる営業施設等の調査は、次の点に注意して行うこと。

(1)　調査対象施設への立入り

　Ⅱ項の届出の内容に基づき、住所、屋号及び電話番号等が一致するかを確認してから立ち入ること。

(2)　食材の仕入れ及び食品の提供に関する調査

①　食材の仕入元の住所、電話番号等を記載した名簿やリスト、仕入年月日

②　献立別（給食、弁当、会食料理等のメニュー）の提供、調理、加工及び製造の数量

③　施設の利用者又は弁当等の購入者の人数等

④　購入者、販売・提供先、喫食者の住所、電話番号等を記載した名簿やリスト

⑤　原則として発症時点から7日間、必要に応じてそれ以前に遡り調査対象者が喫食した食事の献立（メニュー）

(3)　食品の製造・加工・調理、販売過程の調査（輸送過程も含む）

　次の事項を詳細に調査し、それぞれの食品等（食材を含む）について汚染経路、混入経路、増菌の機会、調理ミス等の有無の確認を行うこと。

①　時系列でみた食品の製造・加工・調理過程における食品等（食材を含む）の取扱い手順及び内容

②　時系列でみた食品の製造・加工・調理過程における従事者の作業動線

③　調理済み食品の保管方法及び時間、販売又は提供方法等

(4) 施設の衛生状態の調査
　① 法第50条（管理運営の基準）及び第51条（営業施設の基準）に基づく
　　基準、並びに衛生管理に関する指導事項の遵守状況に係る調査を行うこ
　　と。
　　ア 営業施設の構造・設備（区画、面積、換気、防そ・防虫、冷蔵設備、
　　　洗浄設備、給湯設備、器具等の整備・配置、保管設備、運搬具、計器
　　　類、温度管理等）
　　イ 施設及び周辺の清掃状況、並びに作業場内の環境保守の状況
　　ウ 機械器具類の維持管理状況
　　エ 室内の温度及び湿度管理
　　オ 廃棄物等の処理状況
　　カ 食材等の仕入れ及び製品の保管状況
　　キ 添加物、殺虫剤及び殺菌剤等の使用状況ならびに管理状況
　　ク 自主検査の実施の有無及び成績書
　　ケ その他衛生管理に係る自主点検記録等
　② 給水設備及び使用水の衛生状況の点検
　　ア 残留塩素の測定（簡易測定キット等を使用）
　　イ 使用水が水道水以外の場合については、水源の確認と水源を汚染す
　　　る要因（井戸の構造、深さ等を含む）の有無について
　　ウ 貯水槽の点検、汚染要因（亀裂、漏水箇所の有無、マンホールの状
　　　態等）の把握
　　エ 水質検査の結果、貯水槽の清掃記録等
　③ 排水処理方法と維持管理状況の確認
　④ そ族、昆虫等の駆除記録、生息状況の点検・調査
　⑤ 異物混入の可能性の調査
　⑥ 調理場内に出入りする者の確認等
(5) 調理従事者等についての調査
　① 調理従事者の健康状態
　② 検便等の健康診断の実施状況の確認
　③ 流行性疾患の有無
　④ 海外渡航歴の有無
　⑤ ニキビ、手荒れ、キズ、化膿性疾患等の有無
　⑥ 調理上好ましくない習慣の有無
　⑦ 食事の嗜好（生カキ、生肉、生卵等）
　⑧ 共通食の喫食（賄い等）
　⑨ 家族等の健康状態

(6)　その他

　　調査対象施設に関して、他の者からの苦情の有無を確認すること。

4　販売系統の疫学的調査

　　原因食品の追求によって、疑わしい食品等（あるいは原因食品等としては推定できないが、患者に関係があると思われる食品等を含む。）が発見された場合の市場流通調査は、次の点に留意して行う。

(1)　他の販売先に苦情や事故が発生していないかを確認し、その際、患者が確認された場合は発症状況等を調査すること。

(2)　仕入元、製造又は加工施設、生産地等の流通過程全般（運送過程を含む。）の遡り調査を行うこと。必要に応じて本社に調査の協力を依頼すること。

(3)　流通過程全般における、保存基準及び製造過程における殺菌基準の遵守状況等取扱い状況を確認すること。

(4)　流通過程全般において、同一ロット品（同一ロット品がない場合は、別ロットの同一品目）及び施設・器具等のふき取り検体（排水溝や冷蔵庫の排水等を含む。）を収去し検査を実施すること。

(5)　流通過程において疑わしい食品等が発見された場合には、当該品の末端の全販売先を調査するとともに必要な措置を講じること。

5　死者が発生した場合の対応

　　患者が死亡した場合は、下記の点も調査項目に加えること。

(1)　発症から死亡するまでの時間経過とその状況

(2)　通院中及び入院中の治療内容、検査内容等

(3)　関係者（家族、親族等）からの聴取（共通食を摂食した者の有無、患者の喫食状況及び症状等）

(4)　その他、調査が必要と思われる事項を都道府県等の食品衛生主管部局と協議すること。

6　試験検査

　　試験検査以外の調査によって、一定の食品等が事件の原因と疑われる場合は勿論のこと、確定した場合でも、試験室における試験検査の結果を総合して判定すること。

　　また、検体の採取は迅速かつ適切に行うこととし、調査に当っては、調査器具容器類常備一覧表（参考）に記載されている器具類等を持参し、検体の種類に応じて必要量の検体を採取すること。

　　なお、検体の変質を最小限に止めるために、検体は保冷し速やかに検査実施施設へ搬入すること。

(1)　患者等、喫食者及び関係者からの検体採取

①　糞便

  ② 吐物

  ③ 汚物

  ④ 家庭に残っている食品等の残品、及び参考食品等

  ⑤ 必要に応じて、患者の血液・尿

  ⑥ 解剖の際に採取できる検体

(2) 施設及び食品等の流通経路からの検体採取

  ① 検食、残品及び食材を含む参考食品

  ② 調理器具、容器、包装材、冷蔵庫（冷蔵庫の排水を含む。）及びその他機器等のふきとり

  ③ 調理場のふきとり

  ④ 調理従事者の手指、鼻前庭及び化膿疾患部のふきとり

  ⑤ 使用水（井戸水、受水槽の水等）

  ⑥ 調理従事者の糞便

  ⑦ 混入したおそれのある添加物、洗剤、消毒薬、殺菌剤等

  ⑧ その他（衛生昆虫、ネズミの糞、ペット類の糞、土壌及び排水溝の汚泥等）

  ⑨ トイレ等のふきとり

(3) 検体採取、保管、搬入時の取扱い

    「食品衛生検査施設における検査等の業務管理について」（平成9年1月16日衛食第8号、厚生省生活衛生局食品保健課長通知）によること。

## V 調査結果の検討とその対応

1 調査結果の検討

    食中毒事件の原因究明、被害の拡大防止のため、調査の進行に伴い得られた情報、資料に基づき、随時、状況の整理・分析を行うこと。

    また、必要に応じて調査方針を再検討し、修正を図ることにより早急な事件の究明に努めること。

2 医師からの届出と診断の補正等

    患者の診断は、多くは臨床医師によってまず行なわれるが、患者が医師の診断を受けていない場合には、保健所医師もしくはその他の医師の診断を受けるよう勧奨し、病状その他の情況について十分に把握しなければならない。

    また、必要により、保健所医師は再診及び補正（修正）を行うこと。

3 食中毒の判断

    診察した医師の診断、発症数、患者の発症の範囲（時間、地域、集団）、喫食状況、施設調査、微生物学及び理化学検査等の結果から、原則として保健所長が食中毒の判断を行うこと。

4　病因物質、原因施設、原因食品、原因食材、汚染源、汚染経路及び増殖過程
　の推定及び決定

　　病因物質、原因施設、原因食品、原因食材、汚染源、汚染経路及び増殖過
　程の推定及び決定する際は、調査ならびに検査の結果を総合的かつ科学的に
　分析・検討する必要があること。なお、検査等から推定又は決定できなくと
　も、疫学的調査結果から推定又は決定が可能であること。

　(1)　病因物質の推定及び決定

　　①　病因物質の推定

　　　　潜伏時間及び症状等から病因物質を推定すること。

　　②　病因物質の決定に際しては、次の事項を確認すること。

　　　ア　糞便、吐物、食品等及び拭き取り検体等から、食中毒の原因と思わ
　　　　れる病因物質が一致して検出され、かつ潜伏時間及び症状から病因物
　　　　質として特定できるか。

　　　イ　検出された病因物質が、原因施設（推定を含む。）又は製造過程にお
　　　　いて食品を汚染する機会又は増殖の機会があったか。

　(2)　原因施設又は発生場所の決定に際しては、次の事項を確認すること。

　　①　共通食、原材料の販売、採取、製造、加工、使用、調理、貯蔵、又は
　　　運搬を行なった施設（場所）を特定できるか。

　　②　原因施設又は場所に発生要因が存在するか。

　　③　原因食品及び食材（疑いを含む。）から原因施設又は場所を特定できる
　　　か。

　　④　統計学的な曝露時点の推定等も含め、食中毒の発生にかかわる因果関
　　　係を疫学的に証明できるか。

　(3)　原因食品及び食材の推定及び決定

　　①　原因食品及び食材の推定

　　　ア　患者及び喫食者調査から発症者の共通食を推定すること。

　　　イ　喫食状況調査結果から食品別の発症率を算出すること。

　　　ウ　患者の日時別発生状況から曝露時点を推定すること。

　　　エ　発症状況から原因食品と食材との関連性を探求すること。

　　　オ　患者集団（受診者、入院者、菌検出者、特定の症状を有する者、特
　　　　定期間の発症者等）とコントロール集団（給食、宴会食、仕出し等の
　　　　共通食を喫食した健康者、同一社会集団の健康者、同一時期に異なる
　　　　原因で食中毒症状を示した者等）の喫食状況を調査すること。（リス
　　　　ク比、オッズ比、信頼区間、カイ2乗検定などにより、原因食品を推定
　　　　すること。）

　　　カ　調理・加工方法と患者症状との関連性について確認すること。

　　キ　推定原因食品及び食材と病因物質の関連性を確認すること。
　②　原因食品及び食材の決定に際しては、次の事項を確認すること。
　　ア　発症状況から、原因を食品等（使用水、添加物、器具、容器包装及び玩具なども含む）に限定することができるか。
　　イ　食品及び食材の残品から、食中毒の原因として特定できる病因物質が検出されているか。
(4)　汚染源及び汚染経路、増殖過程の推定又は決定
　ア　販売系統調査により、原因食品又は食材の他の販売先における患者等の有無を確認すること。
　イ　販売系統調査により、原因食品又は食材の製造・加工・調理、流通過程における食品又は食材の関係施設等からの病因物質の検出の有無を確認すること。
　ウ　原因食品又は食材に係る製造・加工・調理、流通過程の調査で確認された汚染源及び汚染経路における病因物質の性状（血清型、ＤＮＡパターン、ファージ型等）が患者等及び原因食品又は原因食材から分離された病因物質の性状と一致するかどうかを確認すること。
　エ　販売系統調査において採取した食品（食材）から分離された病因物質の量と製造・加工・調理、流通過程の調査で確認された温度管理の不備などの関係を確認すること。

Ⅵ　措　置
　保健所は、食中毒事故の拡大防止及び再発防止のために必要な措置を速やかに行なわなければならないこと。
　食中毒の原因が推定・決定された場合には、その状況に応じて法に基づく必要な処分又は指導を行うこと。
　なお、食中毒の因果関係が明確になっていなくても、疑いの強い食品等がある場合、関係施設に対して、速やかに必要な措置を講じなければならないので、都道府県等の食品衛生主管部局と協議を行うこと。
1　被害拡大防止対策
　(1)　営業自粛を指導又は停止
　(2)　原因食品と同一の健康被害を引き起こすおそれのある食品等の販売、使用等の禁止
　(3)　原因が判明するまでの間、推定原因食品等（同一ロット、類似食品）の販売、使用、移動等の禁止
　(4)　使用水（井戸水、沢水、河川水、貯水槽水等）が原因と推定される場合は、使用の禁止

(5)　調理従事者が健康保菌者である場合又は下痢等の健康被害を起こしている場合については、原因が判明するまで又は食中毒病因物質が除去されるまで、食品等に直接触れる作業への従事の禁止

(6)　施設の消毒

(7)　地域住民への必要な情報提供

2　再発防止対策

(1)　食中毒の原因施設及び関係者への対策

　①　法第51条に係る施設基準に適合しないものについては、その補修改善を命令すること。

　②　法第50条に係る管理運営基準に基づく、施設、設備、調理器具等の洗浄、殺菌、管理の不備については基準遵守の徹底を指導すること。

　③　その他衛生管理に関する指導事項の遵守の徹底を指導すること。

　④　食品衛生監視員は、保健所長の指示に基づき、事故を発生させた施設の営業者、食品衛生管理者、食品衛生責任者、調理従事者及び関係者に対して、食中毒の再発防止のため、食中毒事故の発生要因、今後の予防対策等について衛生教育を行うこと。

　⑤　必要に応じて衛生管理マニュアルの点検と不備事項の改善を指導すること。チェーン店等の場合は、本社に対しても指導をすること。

(2)　営業者、消費者等への対策

　　営業者、消費者等への事故の再発防止対策等について、各種の機会をとらえて情報の提供を行うこと。

(3)　行政機関における対策

　①　事故処理完結後、処理方法、原因食品、病因物質、発生要因等について検討し、食中毒防止対策について今後の食品衛生行政及び関連する行政に反映できるようにすること。

　②　公衆衛生上必要と認められる事例については、その結果を他都道府県等の食品衛生主管部局等に報告するとともに、研究発表会などの機会をとらえて情報の提供を行うこと。


Ⅶ　報　告

1　食中毒事件が発生した場合には、速やかに次に示す報告を行うこと。

(1)　保健所長から都道府県知事、保健所設置市長、特別区長（以下、「都道府県知事等」という。）への報告

　①　法第58条第2項に基づく報告

　②　食品衛生法施行令（以下「令」という。）第37条第1項に基づく報告

③　行政処分実施結果の確認報告書など、各都道府県等において定める報告

(2)　都道府県知事等から厚生労働大臣への報告

①　法第58条第3項に基づく報告

ア　食中毒患者等が50人以上発生し、又は発生するおそれがあると認められると思われる集団発生事例

イ　ア以外の場合であっても、次に該当する事例

（ア）　当該中毒により死者又は重篤な患者が発生した場合

（イ）　当該中毒が輸入食品等に起因し、又は起因すると疑われる場合

（ウ）　規則別表第17に定める病因物質に起因し、又は起因すると疑われる場合

（エ）　当該中毒の患者等の所在地が複数の都道府県にわたる場合

（オ）　当該中毒の発生状況等からみて食中毒の原因調査が困難である場合

（カ）　当該中毒の発生状況等からみて行政処分に係る判断が困難である場合

②　①の場合において、令第37条第2項に基づく報告

2　食中毒事件の処理が完結した場合は、次に示す報告書により速やかに報告すること。

(1)　保健所長から都道府県知事等への報告

ア　法第58条第3項の規定により都道府県知事等が厚生労働大臣に直ちに報告すべき食中毒事件…食中毒事件票（規則様式第14号）及び食中毒事件詳報（規則第75条第2項）

イ　ア以外の食中毒事件…食中毒事件票

(2)　厚生労働大臣への報告

ア　法第58条第3項の規定により都道府県知事等が厚生労働大臣に直ちに報告すべき食中毒事件…食中毒事件調査結果報告書（規則様式第15号）及び食中毒事件調査結果詳報（規則第76条第4項）

イ　ア以外の食中毒事件…食中毒事件調査結果報告書

Ⅷ　事件の公表

事件及び調査結果の公表のために、事件の対象基準、内容及び方法等について手順を作成しておくこと。

公表に際しては、都道府県等の食品衛生主管部局等と協議し必要な情報を整理、確認し、確実な情報のみを公表すること。また、公表窓口は一元化し、数日間継続して行う場合は毎日時間を定めて行うこと。公表は一般消費者に対し

て速やかに正確な情報を分かりやすく伝え、被害の発生状況を明らかにするとともに不要な不安を生じさせないため、広域・散発の時の公表の際には、原則として原因施設等を所管する都道府県等が中心となり、各都道府県等間との内容に相違がないように十分に調整すること（その他に中心となることがふさわしい都道府県等がある場合についてはこの限りではない。）。

　なお、都道府県等の食品衛生主管部局は、事前に厚生労働省医薬・生活衛生局食品監視安全課及び地方厚生局健康福祉部食品衛生課あて連絡を行うこと。

Ⅸ　平常時における準備
　1　食中毒発生時の対策要綱の策定
　　都道府県等は、食中毒若しくはその疑いのある事例発生時において、迅速かつ的確に対応するため、以下の内容を含む対策要綱を定めること。検討に当たっては、広域又は大規模食中毒発生時の体制を考慮すること。
　　①　対策基本方針
　　②　集団発生時の対策本部の設置要項
　　　ア　調査体制
　　　イ　検査体制
　　　ウ　評価体制（原因究明専門家会議の設置等）
　　　エ　内部関係者間の連絡体制
　　　オ　外部関係者（国及び他の都道府県等）への連絡体制及び応援要請
　　　カ　広報体制
　　③　平常時における準備等
　2　緊急連絡網の整備
　　①　夜間、休日、祝日及び勤務時間外に発生した食中毒（疑い）の届出の受入れ体制を整備しておくこと。
　　②　初動調査が円滑に行えるように、緊急連絡網を整備しておくこと。
　3　器材の整備
　　調査及び検査に使用するための用紙類、器具ならびに器材類は、調査器具容器類常備品一覧表を参考に定めるものを整備し、常に使用できる状態で保管すること。
　4　職員の研修
　　迅速的確な調査ができるよう職員の技能、資質向上のための研修を自ら実施するとともに、厚生労働省の実施する講習会にも計画的に参加させること。
　5　その他
　　平素からの衛生管理指導、収去検査により、食中毒発生を未然に防止するよう努めること。

（参考）　調査器具容器類常備一覧表

| | 器具機材等 | 数　量 | 備　考 |
|---|---|---|---|
| 調査用事務用品 | 筆記用具<br><br><br>検体用ラベル<br>温度計<br>巻尺<br>カメラ（必要に応じて） | | 鉛筆<br>油性フェルトペン<br>ボールペン<br>調査用紙 |
| 検体運搬用器具類 | 検体運搬用アイスボックス<br>蓄冷材<br>滅菌ビニール袋<br>滅菌カップ（300ml）<br>滅菌採水用容器（1000ml）<br>採便管 | 2台<br>必要量<br>必要量<br>必要量<br>必要量<br>必要量 | |
| 検体採取用器具類 | 消毒用アルコール（500ml）<br>滅菌ピンセット<br>滅菌バサミ<br>滅菌スプーン<br>滅菌ピペット<br>滅菌ビニール袋<br>輪ゴム<br>ふき取り用容器<br>滅菌生理食塩水（10ml）<br>重炭酸ナトリウム<br>燃料用アルコール（500ml）<br>アルコールランプ<br>残留塩素測定器 | 1本<br>5本<br>2本<br>2本<br>5本<br>必要量<br>必要量<br>必要量<br>20本<br>1本<br>1本<br>2台<br>1台 | 酒精綿、逆性石けんでも可 |

## 食中毒調査の流れについて

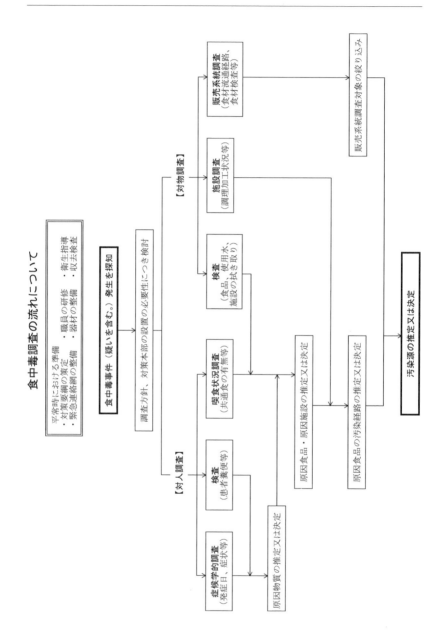

平常時における準備
・対策要綱の策定　　・職員の研修　　・衛生指導
・緊急連絡網の整備　・器材の整備　　・収去検査

食中毒事件（疑いを含む。）発生を探知

調査方針、対策本部の設置の必要性につき検討

【対人調査】

症候学的調査
（発症日、症状等）

検査
（患者糞便等）

原因物質の推定又は決定

喫食状況調査
（共通食の有無等）

原因食品・原因施設の推定又は決定

【対物調査】

検査
（食品、使用水、
施設の拭き取り）

施設調査
（調理加工状況等）

販売系統調査
（鈴材流通経路、
食材検査等）

原因食品の汚染経路の推定又は決定

販売系統調査対象の絞り込み

汚染源の推定又は決定

## 食中毒調査マニュアルチェックリスト（1）探知、体制整備

| | 事　　項 | 月　日 | 月　日 | 月　日 |
|---|---|---|---|---|
| II | 届出及び探知 | | | |
| 1 | 届出 | | | |
| 2,3,4 | 探知 | | | |
| | | | | |
| III | 体制の確立 | | | |
| 1 | 事件の把握 | | | |
| | 本庁への連絡 | | | |
| | 現地対策本部の設置 | | | |
| | 本庁対策本部の設置 | | | |
| 2 | 現地関係機関との連絡 | | | |
| | 市町村(必要に応じ教育委員会等) | | | |
| | 市町村医師会等 | | | |
| | 発生施設 | | | |
| | 本庁他部局、関係機関との連携 | | | |
| | 衛生研究所 | | | |
| | 感染症担当課 | | | |
| | 薬事担当課 | | | |
| | 農林水産担当部局 | | | |
| | 経済担当部局 | | | |
| | 教育委員会 | | | |
| | 都道府県医師会等 | | | |
| | 警察部局 | | | |
| | 福祉担当部局 | | | |
| | 医療監視担当部局 | | | |
| | 水道行政担当課 | | | |
| 3 | 調査体制の整備 | | | |
| | 喫食・健康調査班の編成 | | | |
| | 施設・流通調査班の編成 | | | |
| | その他の調査体制の編成 | | | |
| | 調査内容の検討 | | | |
| | 名簿、献立表等の基礎情報の入手 | | | |
| | 喫食・健康調査の対象及び内容の検討 | | | |
| | 検査の対象食品及び対象品目の検討 | | | |
| | 関係都道府県等、関係機関への調査依頼 | | | |

## 食中毒調査マニュアルチェックリスト（2）調査

| | | 事　項 | 月　日 | 月　日 | 月　日 |
|---|---|---|---|---|---|
| IV | | 調査 | | | |
| 2 | | 症候学的調査・喫食状況調査 | | | |
| | | 患者等集団 | | | |
| | | 受診者 | | | |
| | | 入院者 | | | |
| | | 菌検出者 | | | |
| | | その他 | | | |
| | | 対照集団 | | | |
| | | 共通食喫食者 | | | |
| | | その他 | | | |
| | | 平常時欠席率、有病率 | | | |
| | | 調査依頼先等への十分な説明、個人情報への配慮等 | | | |
| | | 行事表、旅行日程表等の入手 | | | |
| | | 有症者のうち推定原因食の非喫食者 | | | |
| 3 | | 施設調査 | | | |
| | | 食材仕入及び献立、食品等提供状況 | | | |
| | | 食材の仕入先、仕入年月日、伝票 | | | |
| | | 提供献立、食品等の内容 | | | |
| | | 献立・食品別の提供・調理数量 | | | |
| | | 献立・食品別の販売・提供先 | | | |
| | | 献立・食品別製造加工調理状況 | | | |
| | | 時系列による手順、温度管理等 | | | |
| | | 従事者の作業動線 | | | |
| | | 調理後保管管理 | | | |
| | | 施設の一般衛生状態 | | | |
| | | 構造設備 | | | |
| | | 消毒、清掃及び環境管理 | | | |
| | | 機械器具 | | | |
| | | 施設内温湿度管理 | | | |
| | | 廃棄物等処理管理 | | | |
| | | 食材搬入、保管状況 | | | |
| | | 殺虫剤、殺菌剤等の使用・管理状況 | | | |
| | | 自主検査結果 | | | |

## 食中毒調査マニュアルチェックリスト（3）調査2

| | | 事　項 | 月　日 | 月　日 | 月　日 |
|---|---|---|---|---|---|
| | | その他自主管理記録等 | | | |
| | | 給水設備及び使用水 | | | |
| | | 残留塩素検査 | | | |
| | | 給水施設の構造・管理状況 | | | |
| | | 排水処理管理 | | | |
| | | 衛生動物の駆除状況記録 | | | |
| | | 部外者の施設への立ち入り状況 | | | |
| | | 調理従事者 | | | |
| | | 健康状態、検便、流行性疾病、渡航歴等 | | | |
| | | 苦情受付状況 | | | |
| 4 | | 販売系統の疫学的調査 | | | |
| | | 販売先での事故、苦情等の発生状況 | | | |
| | | 食材の生産・製造加工及び流通状況 | | | |
| | | 流通過程全般の保存管理、生産製造管理状況 | | | |
| | | 同一ロット品の検体採取 | | | |
| | | ふき取り、使用水、排水の検体採取 | | | |
| | | 原因の疑いがある食品の販売先の調査 | | | |
| 5 | | 死者に関する調査 | | | |
| | | 死亡経緯 | | | |
| | | 治療内容、検査結果等 | | | |
| | | 喫食状況等 | | | |

## 食中毒調査マニュアルチェックリスト（4）検体

| | 事　項 | 月　日 | 月　日 | 月　日 |
|---|---|---|---|---|
| 6 | 試験検査 | | | |
| | 患者、喫食者等 | | | |
| | 　糞便 | | | |
| | 　吐物 | | | |
| | 　血液 | | | |
| | 　その他の検体 | | | |
| | 施設及び食材等の流通経路 | | | |
| | 　検食 | | | |
| | 　残品、食品、食材 | | | |
| | 　施設ふき取り | | | |
| | 　機械器具ふき取り | | | |
| | 　使用水 | | | |
| | 　施設ふき取り | | | |
| | 　排水 | | | |
| | 　調理従事者の糞便、手指化膿部位等 | | | |
| | 　混入したおそれのある殺虫剤等 | | | |
| | 　その他の検体 | | | |
| | | | | |
| | | | | |
| | | | | |
| | | | | |
| | | | | |
| | | | | |
| | | | | |
| | | | | |
| | | | | |
| | | | | |
| | | | | |

ガイドラインでみる
給食施設等の衛生管理
―管理栄養士・栄養士・調理師の対応―

令和3年11月4日　初版発行

編集代表　調 所　　勝 弘
発 行 者　新日本法規出版株式会社
　　　　　代表者 星　　謙一郎

発 行 所　新 日 本 法 規 出 版 株 式 会 社
本　　社
総轄本部　(460-8455)　名古屋市中区栄1－23－20
　　　　　　　　　　　電話　代表　052(211)1525
東京本社　(162-8407)　東京都新宿区市谷砂土原町2－6
　　　　　　　　　　　電話　代表　03(3269)2220
支　　社　札幌・仙台・東京・関東・名古屋・大阪・広島
　　　　　高松・福岡
ホームページ　https://www.sn-hoki.co.jp/